FRE*U*DAINES

Études Psychanalytiques

Collection dirigée par Alain Brun et Joël Bernat

La collection *Études Psychanalytiques* veut proposer un pas de côté et non de plus, en invitant tout ceux que la praxis (théorie et pratique) pousse à écrire, ce, « hors chapelle », « hors école », dans la psychanalyse.

Dernières parutions

Francine Hélène SAMAK, *De Freud à Erickson. L'hypnose revisitée par la psychanalyse, 2014.*
Christiane ANGLÉS MOUNOUD, *Aimer = jouir, l'équation impossible ?*, 2014.
Christophe SOLIOZ, *Psychanalyse engagée : entre dissidence et orthodoxie*, 2014.
Mina BOURAS, *Elle mange rien, 2014.*
Vanessa BRASSIER, *Le ravage du lien maternel*, 2013.
Christian FUCHS, *Il n'y a pas de rapport homosexuel, ou de l'homosexualité comme générique de l'intrusion*, 2013.
Thomas GINDELE, *Le Moïse de Freud au-delà des religions et des nations. Déchiffrage d'une énigme*, 2013.
Touria MIGNOTTE, *La cruauté. Le corps du vide*, 2013.
Pierre POISSON, *Traitement actuel de la souffrance psychique et atteinte à la dignité. « Bien n'être » et déshumanisation*, 2013.
Gérard GASQUET, *Lacan* poète *du réel*, 2012.
Audrey LAVEST-BONNARD, *L'acte créateur. Schönberg et Picasso. Essai de psychanalyse appliquée*, 2012.
Gabrielle RUBIN, *Ces fantasmes qui mènent le monde*, 2012.
Michel CONSTANTOPOULOS, *Qu'est-ce qu'être un père ?*, 2012.
Marie-Claude THOMAS, *L'autisme et les langues*, 2011.
Paul MARCIANO, *L'accession de l'enfant à la connaissance. Compréhension et prise en charge des difficultés scolaires*, 2010.
Valérie BLANCO, *Dits de divan*, 2010.

Stoïan Stoïanoff-Nenoff

Freudaines

L'Harmattan

Du même auteur

Lacâneries, « Les impliqués », éd. L'Harmattan, 2014.

Pour une clinique du réel, Lacan et ses didacti(c)*hiens*, Forum de IFRAS/éd. L'Harmattan, 1998.

Qu'en dira-t-on ? Une lecture du Livre XII du Séminaire de Jacques Lacan, Forum de IFRAS/éd. L'Harmattan, 1996.

Transmission de la psychanalyse, Forum de IFRAS/PUN, 1992.

5-7, rue de l'Ecole-Polytechnique, 75005 Paris

http://www.harmattan.fr
diffusion.harmattan@wanadoo.fr

ISBN : 978-2-343-04096-7
EAN : 9782343040967

Sommaire

Abréviations

$-\forall x \rightarrow \Phi x$ = pas tout x vérifie Φ.

$\forall x \rightarrow \Phi x$ = quel que soit x : phi de x.

3E = Freud S., *Trois Essais sur la théorie de la Sexualité*,

5ψ = Freud S. : *Cinq psychanalyses*.

AE = Lacan J. : *Autres Écrits,* Seuil.

ALI = Association Lacanienne Internationale.

ASD = « Autisme Spectrum Desorders ».

E518 = Lacan J. : *Écrits,* p.518.

G.W. V = Freud S. : *Gesammelte Werke,* tome V.

H&L = L'Homme aux Loups.

H&R = L'homme aux Rats.

L01 = Lacan J. : *Le Séminaire*, livre I.

LCL = Lebrun Jean-Pierre : *Les couleurs de l'inceste.*

LDP = Fierens C. : *Le Discours Psychanalytique.*

LEF5 = *Lettres de l'École Freudienne*, n°5.

MB-J = Mikkel Borch-Jacobsen : *Les Patients de Freud*, 1911, Sciences Humaines Éditions.

PE = Lacan J. : *Petits Écrits*.

PUF = Presses Universitaires de France.

PUN = Presses Universitaires de Nancy.

SC2 = *Scilicet ?* n°2.

TR = Martinès de Pasqually, *Traité de la réintégration.*

iR = imaginarisation du Réel.

rI = réalisation de l'Imaginaire.

sS = symbolisation du Symbolique.

Remerciements

Qu'un hommage soit ici rendu à Christiane Riboni, docteur en linguistique, qui a assuré la supervision de la publication de deux de mes précédents ouvrages, et qui a bien voulu relire le manuscrit de *Freudaines*.

Introduction

Cet essai vise d'abord à inciter ceux que la psychanalyse intéresse, à lire Freud dans le texte, c'est-à-dire en allemand. Ensuite il pourrait tenir lieu d'introduction aux concepts lacaniens tels qu'ils émergent de la clinique et de la théorie freudienne.

La clinique freudienne est ici revisitée à partir de l'ouvrage intitulé : *Cinq psychanalyses,* où seront prélevés des éléments appartenant à trois des cinq cas étudiés par Freud, à savoir l'analyse dite du Petit Hans, celle de l'Homme aux Loups et enfin le cas Dora.

Dans ce qui suit l'accent sera mis sur les sonorités, telles qu'elles existent dans la langue allemande, et Freud insistait sur le *Wortlaut*, l'écho des mots, où l'oreille est spécialement intéressée, surtout parce que les glissements de sens que les sonorités autorisent sont essentielles puisqu'il s'agit d'inconscient. Le Petit Hans chantait des chansons dès l'âge de deux ans et a poursuivi par la suite une carrière musicale. Il était donc essentiel de s'empreigner de la matérialité sonore de ce qu'il raconte.

La traduction des équivoques et glissements de sens dans un discours étant chose quasi impossible il en résulte une seconde raison de lire Freud dans le texte.

Il appert aujourd'hui que nombreux sont ceux qui s'autorisent à parler psychanalyse, alors qu'ils n'ont jamais lu Freud, ce qui est pour le moins un non-sens. Passons sur la *Traumdeutung* (la *Science des rêves*) qui témoigne de l'autoanalyse de Freud, et qui comporte des paris théoriques peut-être difficiles ; mais faire l'impasse sur les *Cinq psychanalyses* cela dépasse l'entendement. D'autant que faire retour à Freud par ce biais, ne suscite guère l'enthousiasme de nos jours, y compris parmi ceux qui pratiquent la psychanalyse.

Une lecture critique de cet ouvrage s'avère nécessaire. Dans son 'Avant-propos' Freud dit, entre les lignes, les raisons de ses scrupules à parler de ses patients, mais il est clair que les révélations qu'il aurait pu faire auraient eu de quoi scandaliser ses lecteurs, vu l'image de l'humanité qu'on était en demeure d'y trouver. Aujourd'hui, moins que jamais, la vérité n'est pas bonne à dire. Lorsqu'elle est muselée c'est le réel qui vient parler à sa place.

Aux embarras que lui cause la censure, Freud voit s'ajouter l'effet de ses propres doutes, la plupart du temps en raison de son transfert, d'autant plus qu'il s'agit souvent de patients venus de la ville de Vienne, et même de son propre quartier, et auxquels il est lié de diverses manières. Ses patients se connaissent parfois et se fréquentent à l'occasion (ce qui est courant de nos jours dans les institutions psychanalytiques). Après-coup, on sait ainsi que Kurt Adler, le fils d'Ida Bauer (Dora), musicien, « travailla entre autres avec Max Reinhardt, Toscanini, Solti et un certain Herbert Graf, plus connu dans le monde freudien sous le nom de 'Petit Hans'.

Bref, par nature : le présent travail remue pas mal de choses, mais permet surtout de voir où Lacan trouve son bien, lorsqu'il se lance dans une sorte d'algébrisation de l'inconscient. Il est clair que Freud lui a mâché le travail s'agissant de pointer par où se fait la sortie de la répétition de la demande (la demande d'amour s'entend), par exemple, pour enfin aborder la question du désir. Dans le cas du petit Hans l'hypothèse d'un traumatisme à l'origine de la phobie est effleurée mais c'est surtout de structure qu'il s'agira. Au vu du débordement de l'imaginaire dont fait preuve Hans, Lacan invente ce qu'il nomme à ce propos : 'moment fécond'. Il y puisera surtout une série d'équivalences, voire sa formule de la métaphore paternelle.

L'observation de l'Homme aux loups lui est l'occasion de construire ce qu'il en sera plus tard de la structure du fantasme, avec l'aperception toute freudienne de la fente subjective.

Par le cas Dora sera abordée la question du désir au féminin, même si, sous couvert d'une possible homosexualité, y couve l'énormité d'un inceste, plus que probable, que Lacan rate vu les ambiguïtés du cas que Freud ne cesse de multiplier. Toutes choses susceptibles de remettre en question le diagnostic d'hystérie proposé par Freud.

Non sans nous réserver quelques surprises dès lors que l'on voudra bien mettre en parallèle 'la scène dans la scène' de Hamlet avec ce qui se joue dans le second rêve de Dora.

Sera aussi abordée la question posée par « la jouissance qu'il ne faut pas » et par la fréquence de l'inceste.

Ce qui nous sera l'occasion de nous inquiéter d'une clinique du réel, du réel traumatique, que Freud inaugure, et celle de la jouissance telle que Lacan en théorise le champ. Le concours d'un travail de Jean-Pierre Lebrun sur l'inceste nous aidera à envisager le 'comment desserrer les mâchoires du crocodile maternel'.

Cet essai cherchera sa conclusion du côté des trouvailles que collectionnent aujourd'hui la néonatologie et l'immunologie, notamment pour ce qu'il est d'avancer dans la connaissance de l'autisme. Mais c'est aussi le moment où il y a lieu de rendre hommage à Freud, en soutenant le projet d'inscription de son œuvre au patrimoine immatériel de l'humanité.

Fre*u*daines

« Le Tzarévitch au Loup Gris »

Paris, le 15 février 2014

« Mesdames, Messieurs,

Comme je vous l'ai annoncé lors de l'assemblée générale extraordinaire de l'Association lacanienne internationale qui s'est tenue, à Paris, le 18 janvier 2014, un comité intitulé 'Mémoire de Freud' est en train de se former avec pour ambition de donner un plus grand éclat et une meilleure reconnaissance internationale à l'œuvre du père de la psychanalyse. Ce comité a pour objectif prioritaire de soutenir la candidature visant à faire inscrire cette œuvre au patrimoine mondial de l'Unesco.

Il s'agit d'une procédure longue et que le comité 'Mémoire de Freud' a l'intention d'accompagner d'une série de manifestations internationales de haut niveau — colloques et publications notamment. Je vous invite à venir apporter votre soutien à cette entreprise en indiquant vos : nom, prénom et qualité à l'une des adresses électroniques mentionnées ci-après. »

Charles Melman[1]

[1] [Adhérer à : Mémoire de Freud ♦ 10 rue Clément 75006 Paris ♦ marie-jose.loverini@orange.fr ou passages4@wanadoo.fr ♦ ♦ Marie-José Loverini : 06 86 68 56 96 ou Armêl Balogog : 01 43 25 23 57 ♦]

Préliminaires

Ce que je vous propose aujourd'hui a un intérêt en soi mais il convient de préciser comment ce genre de démarche qui est la nôtre est à situer au sein des opinions actuelles relatives à la conscience, par exemple. Sur Wikipédia vous pouvez retrouver un article intitulé 'Éliminativisme' qui mériterait d'être cité en sa totalité ainsi que l'article annexe sur les 'Qualia'. Toutes choses qui ont été élaborés au cours du dernier siècle par tout un ensemble de philosophes et de théoriciens de la psychologie, et en particulier certains parmi les adeptes de la 'Théorie de l'Esprit'.

Parmi eux on compte *W.V. Quine*, avec lequel Lacan a dialogué lors de sa visite aux États-Unis. Il n'est pas exclu qu'il en ait été influencé, notamment quant à son introduction de la notion 'd'envers de la psychanalyse'.

Que s'agit-il d'éliminer ? En clair : c'est tout ce qui relève de la psychologie dite 'populaire', à quoi Lacan renvoie souvent en invoquant la *vox populi*. Il allait délibérément vers cet éliminativisme dès lors qu'il faisait sien l'adage 'universel' selon lequel 'nul n'entre ici [en psychanalyse] qui ne soit géomètre'. Subrepticement, puis de manière assumée, pour lui, tout ce qui n'était pas scientifiquement (et surtout algébriquement) démontré et donc établi, et qu'on rejette aujourd'hui parmi les 'qualia', ne pouvait être pris en considération qu'au titre de symptôme. Symptôme relevant de la physiologie, et donc du corps, et en dernier ressort du physicalisme. Tout de même, l'éliminatisme matérialiste étant quelque peu dur à avaler, certains, comme Daniel Dennett, (Dennett, D., 1978, *The Intentional Stance.* Cambridge, MA : MIT Press), ont préféré soustraire 'les croyances' à la poubelle des 'qualia', avec pour résultat l'annulation de l'essentiel de la théorie physicaliste[2].

L'éliminativisme est représenté principalement par Patricia et Paul Churchland, qui nient l'existence de bon nombre de phénomènes mentaux, tels que les croyances, les désirs, les états intentionnels, la conscience et les qualia. Le contre-chant, ou le dé-chant de cela s'énonce : 'La vie n'est qu'un rêve', ainsi que le clament à l'unisson Caldéron, Freud et Lacan. On dit que les 'qualia' sont :

> « Les propriétés de la perception et généralement de l'expérience sensible. /… / Le mot qualia (à prononcer /kwɑlia/, au singulier quale) vient du latin *qualis* qui signifie quel, de quelle sorte, de quelle espèce, de quelle nature. Ce sont des phénomènes psychiques et donc subjectifs, constitutifs des états mentaux. On distingue généralement :
>
> les expériences perceptives ;
>
> les sensations corporelles : douleur, faim, fatigue, chaleur… ;
>
> les affects : sentiments, émotions, passions…. »

---

[2] Cette thèse est quasi-indistinguable des « théories de l'identité entre le physique et le mental ». Ainsi Quine lui-même se demanda-t-il : « *Is physicalism a repudiation of mental objects after all, or a theory of them? Does it repudiate the mental state of pain or anger in favor of its physical concomitant, or does it identify the mental state with a state of the physical organism (and so a state of the physical organism with the mental state)"* ».

Certains s'interrogent sur le fait de savoir si les 'états mentaux' sont à intégrer parmi les qualia. Par définition, les qualia sont inconnaissables et ineffables en l'absence d'une intuition directe. Comment aborder les qualia ? On doit commencer par écouter ceux qui s'opposent à la théorie qui les promeut. C'est le cas de Jerry Alan Fødor, né en 1935 à New York, et qui est un philosophe américain. Il serait l'un des principaux représentants du 'fonctionnalisme', en philosophie de l'esprit. A son sujet on lit sur COOGLE que :

> « Fødor défend depuis les années soixante un programme fonctionnaliste en philosophie de l'esprit et sciences cognitives. Les états mentaux existent /.../ (contre le behaviorisme ou l'éliminativisme) et ils sont définis par leur rôle fonctionnel. Dans *The Language of Thought* (1975), il expose l'hypothèse selon laquelle les représentations mentales doivent être analysées comme un langage mental. (D'où le terme parfois utilisé de *mentalese*, mentalais). La structure de ce langage de la pensée, tout comme la syntaxe de la grammaire universelle selon Noam Chomsky, serait en fait innée. L'esprit aurait ainsi une architecture avec des modules spécialisés et le module sensoriel serait isolé des concepts. »

'Lalangue', selon Lacan, n'est-elle pas parente de ce 'mentalais' ? La conception qu'il se fait de l'inconscient ne serait-elle pas à lire à partir de son style ? Son style : parlons 'en ! Pour ma part je parie qu'il relève de l'*asianisme*. Terme à chercher sur Wikipédia évidemment. Ce serait :

> « Une forme de langue, mais un style bien reconnaissable, fondé sur un discours plein d'artifices, d'expédients techniques et jouant sur les sonorités. L'asianisme, [ionien] né en réaction à la rhétorique de l'Attique, s'impose ainsi comme une forme de discours brillante et efficace, mais il tombe graduellement dans l'enflure et le *pathos*, l'exagération, les effets faciles, les tournures maniérées et recherchées. »

Lacan a revendiqué son gongorisme. Pour ma part je lui ai attribué une part de 'dyslexie'. Je n'en dirai pas plus mais il faut convenir qu'il y a de ça dans les discours que tient le Petit Hans. Qui joue 'sur les sonorités'. Dans la langue allemande bien évidemment.

Maintenant nous pouvons nous mettre au travail.

Le rentre-dedans de la phobie de Hans[3]

Nous allons lire les quelques pages que Sigmund Freud nous propose au sujet de ce que le petit Hans déblatère à son père : le 5 avril 1909, pages qui figurent en français dans les Cinq psychanalyses (PUF, 1966, pp.124-127 [5ψ]).

C'est, en allemand, dans les *Gesammelte Werke* [G.W.] (au tome VII, pp.282-285). Cette double lecture m'est dictée par le souvenir lointain que j'avais gardé de ma fréquentation de ces textes, souvenir selon lequel il y avait une sorte de chaine signifiante qui courait sous ces discours, tels que rapportés à Freud par le père de Hans. Ce dernier prenait des notes au fur et à mesure de ses conversations avec le petit Hans.

Mon retour à Freud et à ses textes fait apparaître la présence d'un signifiant S_1 (*pf*) qui vient représenter le sujet : petit Hans auprès d'un autre signifiant S_2, cet autre variant selon les circonstances. Il s'agit de la suite consonantique *pf* que l'on a d'emblée avec *Pferd*, le cheval d'angoisse autour duquel se développe la phobie de Hans, mais qui donne lieu à des développements lors de la séance du 9 avril, sous la

[3] Mikkel Borch-Jacobsen a commis récemment un ouvrage intitulé : *Les Patients de Freud* [MB-J] 1911, Sciences Humaines Éditions) que nous consulterons à propos de chaque cas présenté ici-même.

forme d'un *Pfui (*p.290), interjection qui marque à la fois un sentiment de mépris, de dégoût et de rejet.

A la même page (*G.W.* VII, p.290) surgissent les termes de *Verstopfung*[4] (constipation) et *empfahl* (du verbe 'commander', au sens où c'est le besoin de déféquer qui commande), constituant ainsi une série qui, évidemment, n'apparaît aucunement dans la traduction française.

A cette liste il y a lieu d'ajouter le *Lumpf,* (pp. 288, 290, 299) l'étron, en tant qu'objet 'a', ce que Lacan nomme le prêt-à-porter, à porter le fantasme : $ ◊ a, traduction du terme *Gestell* (pivot, socle, monture), qu'il emprunte à Heidegger. Heidegger qui en usait dans ses propres textes. D'autres éléments fleurissent dans celui de Freud, tels que *Kopf* : à la fois tête et chef (p.277) ; ou encore quelques autres du style : *durchlschlüpften* (p.276[5]). Termes qui (à

---

[4] *Topf*=pot de chambre, *Strumpfig* = ratatiné (G.W. VII, p.289). *Pfanderspiel*=jouer à toucher ou être touché (p.294). Mais aussi : *Pfeifen :* siffler, *Pfarrer*=curé, *Pfennig*=centime, *Pflanze*=plante, *Pflege*=soins, *Pfirsich*=pêche, *Knupft* (p.263), *schimpfen* (263), *Kampf* (p.263), *Entpfindung* (p.267, n.).

[5] Dans le dictionnaire, à *schlüpfen,* je trouve : « se glisser, couler, passer légèrement » ; à *schlüpferig* on a : « lubrique, glissant, épineux, délicat, obscène ». Ce terme vient sous la plume du père de Hans au moment où (5ψ, p.119) Hans est très surpris qu'on ait fermé le jardin avec une simple corde sous laquelle on peut facilement « se glisser ». Mais par là son père anticipe sur ce que ce geste de 'se glisser' a de lubrique puisqu'il fait état, aussitôt après, du souhait de Hans de « faire une chose défendue ». Ce : 'se glisser' est déjà une opération non verbale, un acte, analogue au fait de foncer tête première dans le ventre de son père, ou de se coucher sur le dos comme le cheval et agiter les pattes. Ce qu'il nomme *Krawalll machen,* (p.285, 288-290, 298, 299) et que l'on traduit par « charivari ». Choses qui méritent interprétation, à savoir que Hans cherche à « estomaquer » son père (p.277), d'une part, et aussi qu'il fait le geste de mimer une scène de « jambes en l'air », d'autre part. Inter-

l'exception de ce dernier qui est de la bouche du papa), ont une connotation scatologique indéniable. Plus loin dans le texte (*G.W.* VII, p.500) il sera fait état du bruit que produit le pet et celui plus discret lorsqu'on urine, tout ceci étant mis à l'enseigne du 'charivari', du *Krawall machen*. Et si nous y ajoutons *Schöpfung*, il devient clair qu'on est dans la perspective où la création des enfants s'effectue par la voie anale. Domaine de la création paradisiaque où le terme d'*Apfel* (la pomme), a toute sa place. Newton s'en était souvenu.

Il est vrai que si le cheval est gros ou chargé (*Lastpferden*, p.281) la notion de 'grossesse' n'est pas loin, mais il n'y a eu que Lacan apparemment pour s'en apercevoir. Par ailleurs, Lacan note « la catastrophique approximation de la traduction française » (5 février 1958) :

> « Freud pointe également dans cette observation (G.W., p.256) la structure de type auditif pur : du jeu de gages, et privilégie ainsi une fois de plus l'entendu par rapport au vu, dans la structuration du fantasme chez l'enfant. C'est donc à un essai de pointage des associations phonématiques du petit Hans tout au long de son observation et à travers son évolution, que nous allons nous livrer. Ceci nécessiterait, bien entendu, l'élaboration sur le texte allemand, et cet essai nous a montré une fois de plus la catastrophique approximation de la traduction française, rendant toute approche linguistique impossible sur le texte français. »

---

prétations qui ne seront avouées comme admissibles : pas plus par le père de Hans que par Freud.

Le 10.4.1957, Lacan avait déjà souligné l'effet acoustique[6] produit par le *Krawall* :

> « De même un autre élément fait pendant un long moment sujet d'interrogation pour le père comme pour Freud, c'est le fameux ***Krawall,*** c'est l'idée de bruit, de tumulte, de bruit désordonné, avec quelques prolongements qui font qu'il peut paraît-il aller jusqu'à être utilisé pour désigner un esclandre, un scandale. »

Il est dit aussi que Hans aimait « faire câlin » avec sa maman et c'est la raison principale de ses incursions dans le lit de sa mère. Mais le terme *Schmeicheln* ' (p.259), va plus loin, c'est : « flatter, aduler, caresser, cajoler » et se trouve dans les propos de Hans topologiquement lié au lit et à la baignoire. La mère est renversée[7] (*umfallen*), mais aussi *gefallen*, chue, comme le *Stellwagen,* Ce qui n'est pas sans procurer quelque joie à Hans dans la mesure ce *'gefallen'* couvre un *'das gefällt mich',* ('ceci me plait'). Il reste que le terme allemand *Phantasie* (équivalent de fantasme*)* commence par le son 'F', alors que l'être de la lettre comporte un 'P' élidé phonétiquement. Si la vérité en tant qu'élidée est à lire entre les lignes → on doit convenir qu'ici elle se

[6] Notons l'importance que prend chez Hans (Herbert Graf) la pulsion vocale, puisque dès l'âge de deux ans il « chantait déjà des mélodies viennoises » [MB-J p.102] et par la suite il a mené une carrière remarquée dans le domaine de l'opéra en tant que metteur en scène.

[7] A propos de la gesticulation dont s'accompagne ce *Krawall*, notons ce que James G. Frazer (dans son *Golden Bought*, publié en 1890) en rapporte d'analogue (La Rameau d'or, p.434) : « Dans cette fête de la raison, le brillant Hippoclide se surpassa et surpassa tous les autres. Mais enivré de triomphe et de liqueur, il sauta sur la table, dansa au son de la musique, puis, pour parachever la scène, se tient debout sur la tête, fendant l'air de ses deux jambes agitées. /…/ Ainsi le droit d'épouser une fille, et surtout une princesse, a souvent été le prix d'une lutte athlétique ». Hans cherchait-il à rivaliser avec son père ?

dédouble comme la bande de Möbius lorsqu'on la refend selon le mitan du lit. Ici le *Verknüpfungsknot* (le nœud du 'point de capiton' G.W. 294) est défait. Le signifié est désarrimé du signifiant. Rappelons que la surface unilatère a deux versants : sur l'un étant écrit le savoir (S_2) et sur l'autre la vérité ($). Cet ensemble constitue l'assiette du sujet.

Nous voyons là s'épanouir les talents d'un 'Hans linguiste', qui se saisit du 'génie' de la langue allemande, à quoi Lacan a proposé de juxtaposer un 'Hans logicien' ainsi qu'un 'Hans métaphysicien'. Pour ma part je mettrais volontiers l'accent sur un 'Hans magicien' ami des esprits frap-peurs. Pour rappeler la 'peur' du Tramways-va-peur (*Dampftramwaystation*, p.268). Et, tant que nous y sommes, pourquoi ne pas chercher les termes où intervient ce *Pf* sous une forme inversée *Fp*. Le même type de recherche est susceptible d'être effectué sur l'observation de L'Homme aux loups à partir des suites *schl* et *trk*. Il y aurait-il là le fil rouge susceptible de nous mener droit à la fabrique des délires ?

Sur le plan théorique il est difficile de déterminer la spécificité de la phobie à l'égard de toutes les situations qui, pour un sujet donné, peuvent s'avérer porteuses d'angoisse. Freud a écrit un texte sur « Inhibition, symptôme et angoisse » qui vaut le détour, et que Lacan a tenté de prendre en compte à partir du modèle du nœud borroméen à trois ronds. D'autre part, Freud a pointé la sorte de bascule susceptible de mettre en balance la phobie et le fétiche. Bascule entre un imaginaire en miroir (iR)[8], jouant sur la symé-

[8] Cf. *Écrits*, p.674, fig.2 : l'image réelle a donnée par le miroir concave est imaginarisée (iR) en a' au niveau du miroir plan A.

trie, et un autre imaginaire, lui : non-spécularisable et donc quasi-réel (rI). Disons : une sorte de réel adouci, apprivoisé, fétichisé, tel qu'il a été décrit par certains lors du séminaire d'été (2013) de l'ALI.

Dans le cadre que nous avons mis en place ici-même, nous devons, pour l'instant, nous limiter à inventorier ce que Lacan pointe, à savoir : les 'mathèmes de la phobie'. Il se trouve qu'un bon tiers du séminaire sur « La relation d'objet » (L04) est voué à cette recherche pour aboutir à ce qu'il nomme « une géométrie de caoutchouc », autre nom de la topologie, bien entendu. Que je dise 'de caoutchouc' ou 'de gui-mauve', l'accent porte essentiellement sur la plasticité, qui est celle que Freud accordait aux pulsions.

On verra qu'il introduit toute une série d'équations, ou de relations d'équivalence, qui visent à prendre en compte la dynamique de la subjectivité du petit Hans, mais aussi celle de la cure telle que conduite par le père de Hans et ce : au nom de Sigmund Freud.

C'est peu de le dire, à savoir : que Lacan ne lui fait pas confiance. A propos d'une histoire de chemise voici le commentaire qu'il commet (L06, 3.4.1957) :

> « /…/ Le père du petit Hans, qui ne se distingue pas par un mode d'appréhension des choses excessivement futé, lui dit : '*Mais il faut qu'elle soit l'une ou l'autre, il faut qu'elle soit, ou nue, ou en chemise*'. Or c'est là tout le problème, c'est que pour Hans elle est à la fois nue et en chemise, exactement comme pour vous tous qui êtes ici. D'où l'impossibilité d'assumer l'ordre du monde, simplement par une intervention autoritaire /…/. Le père imaginaire, évidemment, existe depuis longtemps, depuis toujours, c'est une certaine forme du bon Dieu également. Mais ce n'est pas cela qui résout nos difficultés d'une façon non moins éprouvée et permanente. »

Ici Lacan fait allusion à l'histoire fameuse d'une femme qui serait 'nue sous sa chemise'. Ceci nous est une excellente introduction à la phénoménologie de Hans dans la mesure où pour lui, à une certaine époque de son existence, la réalité était loin d'être univoque. Voici donc la façon dont Lacan présente cette histoire de la phobie du petit Hans à la séance de son séminaire (L04) du 20 mars 1957 :

> « C'est là qu'il en est arrivé, et c'est à ce moment-là alors que tout semble aller tellement bien que Freud nous le souligne, grâce à une espèce de libéralisme voire de laxisme éducatif assez caractéristique de la pédagogie qui semble s'être dégagé les premiers temps de la psychanalyse, nous voyons l'enfant se développer de la façon la plus franche, la plus claire, la plus heureuse. C'est /.../ à la surprise générale, qu'il arrive ce que nous pouvons appeler /.../, un petit accroc, la phobie. C'est-à-dire qu'à partir d'un certain moment cet enfant a marqué un grand effroi devant quelque chose, cet objet privilégié qui se trouve être le cheval, dont je vous ai déjà annoncé qu'il était d'une certaine façon : métaphorique ».

Par ailleurs, Lacan examine plus particulièrement cette séance du 5 avril, et ce lors de son séminaire du 15.5.1957, et donc aux pages 328 à 331 du Séminaire, au Livre IV. Pages que nous allons lire afin d'en tirer certains fils que nous pouvons saisir au passage.

Quelques mots au sujet de 'Hans logicien'. Freud parle de lui comme d'un *drolligen Knirps* (G.W. VII, p.276), et donc comme d'un nabot, ce qui revêt une valeur promotionnelle puisque voici Hans transformé, métamorphosé en 'fou du roi'. Parmi les interrogations qui submergent le petit Hans il y a celles relatives à son *Pischl*, à sa verge, qui prend le nom de 'fait-pipi' (*Wiwimacher*).

D'où aussi ses interrogations sur le mode d'emploi dudit : phallus. Le qualificatif *zerwutzelt*, comporte la marque de fabrique de Hans avec ce *Wut* qui indique la violence qu'elle subit lors de son 'froissement'. 'S'asseoir dessus' connote un acte de prise en possession, de domination réelle (rS).

Apparemment violent, puisqu'au chapitre des vœux que Hans formule il y lieu de noter celui-ci (*G.W.* VII, p.273) : « *Ein Gewehr zum Totschiessen* » (une arme pour tuer).

Ici *schiessen* côtoie *Scheisse* : la merde. C'est à retrouver suite à l'épisode dit des deux gir-a(p)ffes[9], où la plus petite est en papier mâché (*zerwutzelt).* Cet acte inqualifiable est ici connoté sur fond d'une violence symbolique (c'est parlé) qui nous rappelle l'adage hégélien selon lequel 'la nomination implique le meurtre de la chose' (sR).

Violence que Lacan repère dans la moquerie de Hans envers son père (L06, 10.4.1957 :

> « Cette dimension du symbolique, c'est exactement ce qui à tout instant se laisse sentir dans cette sorte de jeu de cache-cache, de moquerie perpétuelle qui est ce qui colore, ce qui donne le ton de toutes les répliques de Hans à son père. A un autre moment /…/ le père l'interroge : 'Qu'as-tu pensé quand tu as vu le cheval tomber ?', et à propos duquel nous dit Hans, il aurait attrapé 'la bêtise'. 'Tu as pensé, dit le père, qu'avec ses gros sabots le cheval était mort'. Il est bien certain que, comme le père le note par la suite, c'est avec un petit air tout à fait sérieux qu'au premier temps, Hans réplique : 'Oui, oui en effet j'ai pensé cela' ; et puis tout d'un coup il se ravise, il se met à rire - ceci est noté - et il dit : 'Mais non, ce n'est pas vrai, c'est seulement une bonne plaisanterie que je viens de faire en disant cela' ».

---

[9] (*G.W.* VII, p.274) Ici Freud parle de *Ehescene*, c'est-à-dire de scène de baise matrimoniale. Ça explique peut-être qu'il n'y revienne pas plus loin dans son texte à propos du 'Charivari'.

En réalité in n'y a pas lieu de plaisanter puisque nous savons - par ailleurs- que le cheval en tombant s'est brisé la colonne vertébrale, chose qui n'a pas l'air d'émouvoir Hans.

L'histoire de l'Homme aux Loups s'impose ici à différents niveaux, et d'abord dans la mesure où ce dernier a présenté dans son enfance des périodes de grande violence suite à une phobie du Loup, elle-même séquelle d'un cauchemar. Il est à noter qu'à différents moments Lacan a repris presque textuellement les paroles de Freud, ce que je vais pointer à fur et à mesure.

A propos de l'insistance que met le père à interroger son fils sur le *Krawall machen*, là où manifestement il n'y comprend rien, Lacan souligne la (L06, 10.4.1957) « pointe de raillerie » dans le « pas vrai » par quoi Hans envoie son père dans les cordes. Les hésitations, les incertitudes du papa de Hans, finissent par déteindre sur Sigmund Freud qui donne sa langue au chat puisqu'il hésite à conférer à la girafe le sens d'un symbole du père, ou celui d'un substitut du Phallus (à cause de son long cou). Et il ajoute que l'on ne peut demander plus de précisions à un Hans qui n'en peut plus mais. L'H&L est lui plus explicite puisque son rêve inaugural met en scène un noyer, arbre dont la verticalité est d'autant plus impressionnante qu'il s'agit d'un *Nussbaum*, et que si l'on y ajoute un '*Ge'* : ça donne *Genussbaum*, littéralement l'arbre de la jouissance, ou encore 'l'arbre de la connaissance du bien et du mal' selon la Bible. Que ceci ait échappé tant à Freud qu'à Lacan est un fait surprenant.

Plumé ou pas, il est vrai que le point de vue de Hans sur l'ancrage de son pénis aura varié avec le temps et que ce

Wiwimacher viendra à être considéré comme objet d'échange, et donc comme un signifiant, à partir du moment où intervient 'l'installateur' qui visse et dévisse des robinets. Opération qui confère au pénis une certaine mobilité et donc un certain degré d'autonomie. Le caractère de phallicité pourra être transféré aux uns et refusé à aux autres ; cas où l'on pourra écrire que 'pas tous' l'ont : $-\forall x \rightarrow \Phi x$. Ce qui vient amodier son postulat de départ (nourri par ses observations dans le domaine animalier) selon lequel : tout individu est porteur d'une verge ; ce qui se trouve logifié, formalisé, comme suit : $\forall x \rightarrow \Phi x$, à lire : quel que soit x : phi de x (*G.W.* VII, p.269)[10].

C'est ce que Freud nomme la *Verleugnung*, le 'déni de la réalité' de Hans (*G.W.* VII, p.257) puisqu'il est impossible d'appliquer cette assertion phallophore universelle à l'être féminin. Pendant un certain temps Hans met donc son voyeurisme au service de cet axiome. Ici entre en lice la dialectique du voir/être vu et aussi toucher/être touché qui implique surtout deux de ses copines : Berta et Olga (*G.W.* VII, p.295), la bonne et la méchante ; à quoi j'ajoute de mon cru qu'Olga, en tant que nom propre a le démérite d'être l'anagramme de *Gadol*, Terme qui, en hébreux, signifie « Grand prêtre d'Israël » tout en désignant le lieu d'une bataille fameuse. Titre que Hans s'attribue en quelque sorte quand il dit que Berta, Olga, Hanna et les autres sont : 'ses filles'. Mais il y a aussi Hanna (*G.W.* VII, p.297), la petite sœur de Hans, qui est pourvue d'un *Wiwi* quasi invisible, mais Hans ne désespère pas de le voir grandir ; enfin Mammi (*G.W.* VII, p.298) avec laquelle il

[10] [G.W. VI, p.249, note 1], Freud revient sur la thématique $\forall x \rightarrow \Phi x$, et parle d 'un 'Hans philosophe'.

s'enferme carrément dans les chiottes[11]. Là le Petit Hans n'y va pas par surprise, contrairement à ce que Lacan propose à la séance du 3.4.1957 :

> « Autrement dit, ce dont il s'agit dans cette relation fondamentale, c'est de soutenir le leurre imaginaire, en tant qu'il tend à s'insérer dans quelque chose d'autre qui va le reprendre et lui donner encore un sens plus élaboré, ce drame qui aboutit au fait de la surprise. N'omettez pas le caractère ambigu de ce terme dans le langage français, surprise au sens où il se rapporte à l'acte de surprendre, où l'on dit « *Je l'ai aperçu par surprise* ». Il y a la surprise de la force ennemie, ou encore la surprise de Diane, qui est bien la surprise qui culmine dans cette mythologie /…/, puisque aussi bien toute la relation actéonesque à laquelle je fais allusion à la fin d'un travail, est là fondée sur ce moment essentiel. Mais inversement il y a aussi cette autre face de ce mot : s'il y a une surprise, ce n'est pas de l'étonnement qu'il éprouve, mais par contre être surpris c'est bien quelque chose qui se produit par une découverte inattendue, et l'usage du terme surprise, vous avez pu, ceux qui assistaient à ma présentation de malades, chez un de nos patients transsexualiste, en apercevoir le caractère vraiment déchirant quand il nous dépeignait la surprise douloureuse qu'il éprouva le jour où pour la première fois il vit, nous dit-il, sa sœur nue. »

---

[11] (L06, 3.4.1957) « Si assurément il y a là le point de référence, je dirais biologique, éthologique qui nous permet de donner tout son accent à la relation imaginaire dans son articulation à l'ensemble du procès, non pas d'une parade, mais de la parade, /…/ - et vous voyez combien est intéressant ce qui va se passer dans ce qui est en cause que je vous ai appelé du devinement par l'enfant du monde imaginaire maternel - qu'assurément nous voyons là combien les choses sont différentes, et combien ce dont il s'agit n'est pas tant de voir, de subir l'emprise de ce qui est vu, que de chercher très exactement à voir, à épier comme on dit, ce qui à la fois y est et n'y est pas, car ce qui est, à proprement parler, visé dans la relation dont il s'agit, c'est quelque chose qui est là en tant qu'il reste voilé. »

Osons en ce point une incise à partir de ce bout de phrase : « s'il y a une surprise, ce n'est pas de l'étonnement qu'il éprouve ». Ici il y a lieu de tenir compte de la sous-jacence du verbe freudien qui use volontiers du terme de *Befremdung*, et que ses traducteurs (cf. le cas Dora, 5ψ, p.4 & GW, V, p.168) rendent par 'étonnement', alors que ceux 'd'effarement', de 'stupéfaction', auraient mieux convenu, tirant ainsi le sens vers celui du terme *Entfremdung*, (aliénation). La position de l'H&L envers ce que Freud nomme carrément 'castration de la femme', est quelque peu différente du déni manifeste de Hans à cet égard, puisque, d'après les boniments que lui a servis la bonne, une telle absence de 'sexe visible' chez une femme serait due à un châtiment, à une blessure (*Wunde*) que le Seigneur inflige à ceux qui se masturbent. Quant à la 'surprise' elle et bien davantage d'actualité chez l'H&L puisque la révélation de la vision que lui offre son cauchemar s'opère *plötzlich*, subitement, alors qu'il n'y a rien de tel chez Hans.

Pour ce qu'il en est des marques du féminin, Hans les trouve dans toute une série de culottes qui attirent son attention. Mais de là à les projeter sur le museau d'un cheval, ça pousse un peu. Et pourtant, le museau de son cheval d'angoisse, tel qu'il le voit et que son père le dessine, porte une muselière noire (G.W. VII, p.277 & 284), assez inhabituelle, et que je fais correspondre à l'essentiel de ce qu'il a retenu de relatif au sexe féminin. Avec ce constat que derrière ce noir il n'y a rien, un trou. Sauf qu'il y a la morsure, voire le danger d'être dévoré, et l'évocation de la *vagina dentata* est là pour lui donner raison : « ça risque de mordre ». J'imagine (vous voyez bien que je m'implique, que je suis happé par ce que je décris), j'imagine donc que les éléments d'harnachement qu'on voit sur cette tête de cheval, telle que la dessine le père de Hans sur les indications de celui-ci, correspondent à celui observable, qu'à Dieu ne plaise, à un porte-jarretelles tel que ficelé sur une cuisse. Il reste que la dévoration, l'engloutissement, peuvent être diversement interprétés. Spécialement comme un retour dans le sein maternel, voire au jardin d'Éden. Chose à quoi Freud a l'air ici de souscrire, alors que quand, en 1924, Otto Rank publiera son *Traumatisme de la naissance,* il s'opposera à ses thèses. Suivi en cela par l'ensemble du 'freudisme' jusqu'à ce jour[12]. Et puisqu'Otto parlait de rajeunissement (*Ver*jüng*erung*) à ce sujet, c'est ce que Freud n'aurait pas supporté, en ce qui le concerne, puisqu'il lui était difficile d'avouer un tel vœu (ou fantasme), alors qu'il venait de procéder à une ligature de ses propres déférents en vue d'un (problématique) rajeunissement, précisément.

FIG. 4

S.FREUD, CINQ PSYCHANALYSES, pp.126.

Rupture donc avec Otto Rank, moins pour des raisons théoriques que d'ordre narcissique. Freud mentionne ici-même le travail de Rank (*G.W.* VII, p.350, note 1). Or,

[12] Moustapha Safouan, dans son récent ouvrage : *La psychanalyse, science, thérapie et cause* (aux éditions Thierry Marchaises) consacre tout un chapitre à Otto Rank, ce qui vaut réhabilitation dudit.

Rank renvoyait le mythe individuel du névrosé à ses origines immémoriales.

C'est ce que Lacan confirmera lors de son commentaire de la séance du 4 avril, lorsqu'il dit (L04 p.330) :

> « Le mythe individuel reproduit en petit ce caractère foncier du développement mythique, partout où nous pouvons suffisamment le saisir. Il consiste en somme à faire face à une situation impossible par l'articulation successive de toutes les formes possibles de solution. C'est en cela que la création mythique répond à une question. Il [Hans] parcourt le cercle complet de ce qui se présente à la fois comme ouverture possible et comme ouverture impossible à prendre. Le circuit étant accompli, quelque chose est réalisé, qui signifie que le sujet s'est mis au niveau de la question. C'est en cela que Hans est un névrosé et non pas un pervers. »

C'est toujours Lacan qui, évoquant l'œuvre de Jérôme Bosch dans les *Écrits* (p.105) pointe l'*angustia* de la naissance dans un passage dont l'envolée mérite d'être saluée.

Ici marquons une pause. Il y a longtemps j'avais tenté d'écrire quelque chose sur la phobie et il m'avait semblé que cette tentative avait été un échec complet.

C'est de l'ordre d'une reculade par rapport à ce dont j'ai pu m'apercevoir, et du coup certaines choses continuent à me fuir. Précisément cette citation de Lacan que je ne retrouvais plus dans mon propre texte, et aussi le fait que Lacan dit, quelque part, qu'une phobie c'est un franchissement, un <u>moment fécond.</u>

<u>Moment fécond</u>[13] qu'on pouvait considérer jusqu'alors comme un évènement spécifique de la psychose. Tandis

[13] L06, 10.6.1959 : « Dans la névrose, dont il s'agit pour nous de serrer de près pour l'instant ce qui a rapport à cette structure que j'articule devant vous, c'est ce moment fécond de la névrose que je vise dans le cas du petit Hans, parce que là il s'agit d'une phobie, c'est-à-dire la

que rien dans la phobie de Hans n'évoque cette éventualité. En revanche la phobie du loup chez l'H&L présente un trait d'irrationalité susceptible d'augurer la perspective d'une évolution d'ordre psychotique. Bref, ce que je découvre c'est que dans cette observation du petit Hans Lacan puise l'inspiration de sa première avancée topologique importante. Ce 'cercle complet' que Hans parcourt, c'est à mettre sur un tore ; tore sur lequel s'enroule, comme un fil sur une bobine, sa demande de savoir. Sa phobie intervient au moment même où surgit l'évidence qu'à force de tourner il vient d'effectuer le tour complet du tore, et donc du cercle de son désir. Ce moment de passe, que Hans fait durer, c'est ce que Lacan théorise comme *traversée du fantasme*.

Lacan reprend ce thème du mythe deux ans plus tard (L06, 10 avril 1957):

> « Notre progrès dans l'observation du petit Hans nous a amenés à mettre en valeur ce qu'on peut appeler la fonction du mythe dans la crise psychologique traversée par le petit Hans, crise inséparable de l'intervention paternelle, guidée par le conseil de Freud, cette notion globale, massive de la fonction de quelque chose qui s'appelle mythe, non par métaphore, mais techniquement /.../ dans la mesure où cette création imaginative de Hans qui va toujours se développant à mesure des interventions adroites, ou moins adroites, ou maladroites, du père, mais assurément suffisamment bien orientées pour ne pas tarir, et à la fin stimuler cette série de productions de Hans qui se présentent à nous comme difficilement séparables, quoique ordonnables, par rapport à son symptôme, c'est à dire sa phobie. »

---

forme la plus simple de la névrose, celle où nous pouvons toucher du doigt le caractère de la solution, celui que je vous ai déjà articulé longuement à propos du petit Hans en vous montrant l'entrée en jeu de cet objet, l'objet phobique, en tant qu'il est un signifiant à toutes fins. »

Moment 'fécond' évidemment, puisque Hans ne cesse de produire les scenarii les plus divers. Dans la suite de ceci (L04 p.330), Lacan maintien la thèse de l'engloutissement.

Il ajoute : « La mère inassouvie et privée de façon intenable, peut aussi le mordre. » Sauf que le cheval « représente à la fois choir et mordre ». Il convient ici de se souvenir qu'une centaine de pages plus tôt il avait présenté le cheval comme une 'représentation limite' [ce que Freud connote d'une *Grenzvorstellung*] lorsqu'il dit (L04, p.281):

> « Quant au cheval, nous savons déjà qu'il défend quelque chose, en tant que la phobie est un avant-poste, une protection contre l'angoisse. Le cheval marque un seuil, c'est sa fonction essentielle. »

Seuil et donc 'limite' ; mais limite entre quoi et quoi ? Je propose : 'limite entre l'imaginaire de la morsure et le Réel de l'angoisse'. Cette limite implique son franchissement. C'est ce que Lacan semble évoquer quand il dit (L06, 27.3.1957)

> « Peut-être que tous les complexes d'œdipe n'ont pas besoin de passer ainsi par cette construction mythique, mais qu'ils aient besoin de réaliser la même plénitude dans la transposition symbolique, c'est absolument certain, sous une autre forme plus efficace parce que ça peut être en action, parce que la présence du père peut avoir symbolisé la situation par son être ou par son non-être, mais assurément c'est quelque chose de cet ordre dont le franchissement est impliqué dans tout ce que nous trouvons dans l'analyse du petit Hans. »

'Moment fécond', puis 'franchissement', n'a-t-on pas là tous les ingrédients d'un foirage du nœud, nécessitant sa recomposition à l'aide d'un quatrième, et donc d'un sinthôme ? N'est-ce pas là l'*installateur* qui se propose à cette tâche ?

L'installateur est aussi un séparateur, dans la position de Persée libérant Andromède des griffes de Médée, mais aussi de Roger libérant Angélica des filets du Dragon. Toutefois, l'inceste maternel n'est pas ce qui est le plus à craindre.

Ceci dit, nous n'en avons pas fini avec Hans logicien. A cette même séance du 5 avril Lacan note qu'au moment où le cheval tombe :

> « Hans sent quelque chose qui lui signale que 'Ce sera maintenant toujours comme ça. Tous les chevaux d'omnibus tomberont'. »

Désormais le dragon sera vaincu pour l'éternité. La suite que Lacan donne à sa remarque relative au franchissement, nous dirons l'affranchissement de Hans à l'égard des filets et des nœuds maternels, concerne indirectement le propos de Hans, qui fuse : à la fois comme une intuition délirante et comme un verdict, voire comme un sort qu'il jette sur toutes les femmes. Les femmes en tant qu'identifiées à des porteuses de bébés, à des 'omnibus'. D'où émergera une théorie qui concernera non pas la production d'enfants 'sans père', mais une production 'sans mères'[14]. C'est donc par

---

[14] Une incursion dans le livre de Luce Isagaray : *Le temps de la différence* (1989, Livre de Poche édit.) s'impose, lorsqu'elle évoque (p.105) le mythe de la naissance d'Aphrodite : « Elle est conçue un peu comme les poissons : hors du ventre maternel et sans accouplement. » Modalité dont elle assure la promotion en précisant (p.109) : « /…/. Aphrodite n'est pas une figure ou divinité incitant à la débauche sexuelle mais elle manifeste la spiritualisation possible des pulsions ou instincts aveugles par la tendresse, l'affection /…/. » Évoquant la 'femme libre' elle poursuit en disant (p.107) : « Cette liberté elle l'utilise à diviniser nos corps humains et non à les faire régresser ». Ça constitue un véritable plaidoyer pour la 'verticalité' et donc pour une hiérarchie, antinomique avec le point de vue de ses consœurs, qui, de nos jours, ne jurent que par l'égalité (et donc l'horizontalité). Il y aurait-il là : entre immanence et

son imagination qu'il engendrera autant de petites filles qu'il lui semblera bon.

Passons à Hans métaphysiciens. A la page 330 (L06) du texte de Lacan (et donc à la suite de ce qui précède) il est question d'une petite culotte :

> « Derrière laquelle il n'y a rien mais sur laquelle il eut pu vouloir peindre tout ce qu'il aurait voulu. Seulement, c'est précisément parce que le petit Hans n'est pas un simple amant de la nature, qu'il est un métaphysicien : il porte la question là où elle est, c'est-à-dire là où il y a quelque chose qui manque. Et là il demande où est la raison, au sens où l'on dit 'raison mathématique'[15], de ce manque à être. /…/ C'est parce que la signification est littéralement perdue, c'est parce que le fil est perdu, comme dans le conte du Petit Poucet, que les cailloux du signifiant surgissent pour combler ce trou et ce vide. »

La signification dont il s'agit, c'est la vérité, vérité à mettre sous les auspices de Frege.

Mais aussi sous celles de Heidegger, dont la *Verborgenheit*, ici réduite à des bribes présentifiées par des signifiants substitutifs, épars, n'en vise pas moins l'*aléthéia* (la vérité telle que dévoilée). Dans ce qui suit, la *Mischungsperson (*la personne composite*)*: Maridla, cache, *verbirg*t, quelque secret inavouable.

Et pourquoi pas le secret de la réintégration ? La réintégration est la procédure par quoi une tribu animiste réintégre en son sein une brebis égarée. Ailleurs, un dira qu'il s'agit du retour du fils prodigue.

---

transcendance, une dualité, un changement de paradigme, un seuil insurmontable ?

[15] La raison mathématique : c'est quand on peut écrire que 'a' est à 'b' comme 'b' est à 'c' : (a/b ≡ b/c).

Il est tout de même un auteur, que Lacan a *nécessairement* lu, à qui l'on doit une œuvre unique, son : *Traité de la réintégration* [TR]. Il s'agit d'un Théurge du nom de Martinès de Pasqually. Personnage du XVIIIème siècle, qui a écrit toutes sortes de choses sur Énoch, Noé et sur Moïse l'Égyptien, et qui s'est intéressé à la fonction du tabernacle en tant qu'enforme du Temple d'une part, mais surtout comme 'prêt-à-le porter', à porter le rouleau de la Thora.

Vous me voyez venir avec la fonction de l'objet petit 'a'. Et Martinès[16] de nous décrire la structure dudit tabernacle, avec ses quatre faces qui correspondent selon lui : à l'œil, à l'ouïe, à la bouche et au cœur, bien entendu. Évidemment, dans le cas Dora, ce tabernacle est présent sous la forme de toute une série d'objets d'échange : un coffret à bijoux, un sac à mains (5ψ, p.50), un coffre-fort (5ψ, p.72), autant de symboles de la féminité.

Bien sûr, Freud s'imagine que Dora ignore ce symbolisme, et lorsqu'elle lui réplique : « Je savais que vous alliez dire cela » il met en note ceci : « C'est une manière très fréquente d'écarter une connaissance surgissant de l'inconscient ».

L'inconscient : mon cul ! Freud est 'une vraie jeune fille !' C'est du moins ce que disait Lacan des « femmes à barbe ».

Bref, Freud ne s'attendait pas à rencontrer autant de 'perversité' chez une personne aussi jeune. Nous examinerons ça en détail un peu plus loin.

---

[16] Son élève : Louis-Claude de Saint-Martin, dit 'Le Philosophe Inconnu', nous a livré en partie, dans son propre ouvrage : *L'Homme de désir*, les arcanes de son maître, et surtout l'essentiel des 'passes' en quoi ses recherches ont consisté.

A la page 328 Lacan évoque la visite que Hans rend avec sa maman au confiseur et souligne l'insistance de Hans à claironner qu'il était 'seul avec' elle[17]. Propos que Lacan explicite comme suit (L06, le 20.3.1957) :

> « Il y a une chose qui dans le texte n'a jamais été commentée. L'enfant fait un rêve, il pense qu'il est avec la petite Maridla, qui est une de ses petites camarades qu'il voit l'été dans une station d'Autriche. Il raconte qu'il est avec la petite fille, puis on re-raconte son rêve et on dit : c'est amusant il a rêvé qu'il était avec la petite fille, et il y a une très jolie rectification de Hans : « *Pas seulement Maridla, tout seul avec Maridla* ». Je pense que cette réplique, qui comme beaucoup d'autres choses foisonnantes d'observation, passe à la lecture, ou plus exactement dont on se débarrasse dans ce sens que ce ne sont que des histoires d'enfant, a son importance, et Freud le dit bien : tout a une signification. »

Lacan entend-il par-là que la maman en question, en allant chez le confiseur, n'avait rencontré personne d'autre, au sens où planerait le soupçon qu'elle aurait eu un rendez-vous galant clandestin, dont Hans serait complice, tout en laissant un doute planer sur la réalité de la chose ? Soupçon, mien, que valide après-coup ce que l'on sait depuis sur l'état des relations au sein du couple des parents de Hans.

'Soupçon', peut-être, mais pourquoi pas 'prémonition' ou 'réminiscence', qui, pour Hans, lui seraient venues au temps où il était là dans le sein de sa mère, 'seul avec Mariedl' (entendez seul avec le placenta), sein où il aurait reçu l'empreinte et le frisson de 'la jouissance qu'il ne faut pas', celle de… l'infidélité de sa mère, infidélité ou discordance désormais inscrite dans sa propre chair. Ces histoires de promenades dans le jardin d'Eden, et donc dans l'utérus

[17] Chose que Freud mentionne [G.W. VI, p.249], puisque Hans était 'seul avec' Mariedl', à Gmunden.

pourraient être mises au compte d'une éventuelle obsession de ma part, mais je suis en droit d'exciper du fait que d'autres y ont pensé. Ainsi, Luce Isagaray (p.105) s'offre le luxe d'une nouvelle incursion dans la mythologie lorsqu'elle évoque le plus jeune fils de Gaïa, bien au chaud dans son utérus, qui vient à mordre jusqu'au sang le pénis de son père Ouranos, qui serait venu déranger son 'seul avec'.

Dois-je vous faire un dessin ? Ceci pour illustrer l'exigence d'une exclusivité formulée par le 'seul avec'.

Ce 'seul avec', Lacan l'avait sorti ailleurs dans son œuvre, afin d'en souligner l'ambiguïté. Je me sens concerné dans la mesure où je viens de passer les fêtes de fin d'année 'seul avec' le chat. A quoi j'accroche ce bon mot d'Antoine Culioli qui met en scène un berger dans sa bergerie et qui, au moment de la quitter, dit à son compagnon de passage : « Ferme bien la porte pour que le chat ne mange pas le saucisson. » Puis il ajoute : « Il n'y a pas plus de chat que de saucisson ». N'empêche qu'à partir d'un chat et d'un saucisson on peut construire une 'paire ordonnée'.

Mais avant de poursuivre nous devons faire retour à un texte de Freud antérieur aux 5ψ, à savoir aux : *Trois Essais sur la théorie de la Sexualité* [3E], parus en 1905 (Gallimard 1929), et donc bien avant les 5ψ. Le deuxième chapitre (sur 4) est consacré à 'la sexualité infantile' et il y a lieu de retenir un certain nombre parmi les orientations de la pensée de Freud sur cette question.

Notamment son insistance sur l'amnésie portant sur toute une période de la vie de l'enfant qu'il nomme 'préhistoire' et qu'il assimile à l'amnésie hystérique. Avec l'oubli d'impressions qui « n'en ont pas moins laissé dans notre âme les traces les plus profondes, et qu'elles furent décisives pour notre évolution ultérieure ». (3E, p.67). Quand je répète ça, et que j'ajoute qu'un fœtus mâle bande dès la 18ème semaine de gestation, on me rit au nez.

Puis Freud énumère les actes de la 'sexualité prématurée' observables chez les petits enfants tels qu'« érections, masturbations, et même simulacres de coït, mais toujours cités comme des cas exceptionnels, extraordinaires, des exemples repoussants de dépravation précoce ». A la page 70 il parle de la période de latence qui vient « endiguer les tendances sexuelles » par le biais de la sublimation. Il énumère « les digues psychiques » qui s'installent à cette époque de l'enfance et en amorce la liste : « dégoût, pudeur, morale ». Puis, au titre de la distinction entre le sexuel et le génital il cite comme sexuelles des manifestations telles que le suçotement, l'autoérotisme, la curiosité pour les parties génitales d'autrui, la cruauté, etc. Il s'agit de 'pulsions partielles', à mettre en correspondance avec les 'zones érogènes'.

Toutes choses qu'il inscrit dans le cadre d'une 'sexualité perverse polymorphe'. Avatars de la sexualité infantile, auxquels le Petit Hans ne déroge pas. Ici Freud introduit le *Wisstrieb*, la pulsion de savoir, la conception sadique des rapports sexuels, ainsi que « les deux temps du choix de l'objet ». Sous le titre de : « Les sources de la sexualité infantile » (p.99), il fait la recension des zones anatomiques où peuvent naître des sensations d'ordre sexuel ; telles que : la peau, les muscles, les excitations d'ordre thermique, mécanique, etc. Mais aussi les mouvements passifs, les luttes corps à corps, la peur des examens, les sensations douloureuses intenses, le travail intellectuel, etc. Toutes choses que Lacan inscrit dans la parenthèse de la 'jouissance Autre.' L'Autre étant ici : la chair. N'oublions pas ici la leçon de Roman Jakobson : « Bidoche veut dire viande ».

Et Freud finit par dire que : « L'action combinée de l'épouvante et de l'ébranlement mécanique engendre l'hystérie traumatique grave. » Sauf que dans le cas Dora ça va manquer cruellement, du moins en apparence. Passons sur ce qui s'évoque ainsi de la probabilité d'un événement vécu *in utero.* Il insiste sur le fait que l'énergie d'ordre sexuel accroit le rendement du sujet dans des activités qui n'ont rien de sexuel. Il termine, dans une respective décidément physicaliste, en disant : « Une grande partie de la symptomatologie des névroses consiste en altération de fonctions physiologiques qui n'ont aucun caractère sexuel. » Est-ce dire que ce sont essentiellement les altérations des fonctions physiologiques qui seraient prioritairement la cause des maladies mentales ? Les progrès de nos connaissances dans le domaine du fonctionnement du vivant semblent non seulement lui donner raison, mais ne faut-il pas le célébrer d'ores et déjà comme un promoteur visionnaire ?

L'hommage à Freud ici une fois rendu, poursuivons sur ce qui dans cette observation a pu nous échapper.

Par exemple Hans dit qu'il est prêt à monter sur le wagon pour sauter ensuite sur les planches (*Brett*) de l'entrepôt. Ce qu'il craint c'est que le wagon ne se mette en mouvement. Il est d'observation courante que lorsqu'on est dans un wagon de chemin de fer à l'arrêt (1) et que le wagon stationnant à côté (2) démarre : il se produit un moment d'incertitude pour l'observateur situé en (1) qui porte sur le fait de savoir quel est l'objet qui se meut : 1 ou 2 ? Au moment de l'accouchement l'enfant est logé en (1), l'utérus, et 'lui-même' est en (2). Il est clair que dans la réalité c'est lui, et donc (2), qui se met en mouvement alors qu'il peut avoir la sensation que c'est (1) qui se barre le laissant sur le quai, si je puis dire. L'objet de la crainte est ainsi la séparation. (Il s'agit ici d'une dynamique qui sera évoquée plus loin au titre de la réversibilité sujet/objet). Ce qu'Otto Rank nomme : *Le traumatisme de la naissance.*[18]

Lors de sa lecture de la tragédie de Racine qui a pour nom *Athalie*, et où il théorise la forclusion, Lacan dit que l'intégrale des peurs c'est Dieu. Il est clair que c'est lui, l'Autre[19], qui décide du moment de l'accouchement et donc de cette séparation inaugurale.

---

[18] Ce travail d'Otto Rank mérite une relecture à quoi je me livre depuis quelque temps. L'arrivée d'un enfant en ce bas monde souffre toutes sortes d'avatârs. Certains arrivent comme 'lettre à la poste' et d'autres dans d'énormes souffrances. Par les 'fers' de l'accoucheur. C'est l'enfer. Donc, logiquement et dans l'attente de confirmation, le vœu d'un retour au sein maternel doit s'accompagner dans ce dernier cas d'un mode de vie qui évoquera cette épreuve infernale. Et puis il y a ceux dont la mère a été plus ou moins droguée en la circonstance et qui revivent cela tous les jours dans l'addiction. Enfin il y a ceux qui, comme disait Shakespeare : 'ne sont pas nés d'une femme' et auxquels la césarienne promeut une existence angélique. Sans compter les traces qu'ont laissées les circonstances de leur vie en utero, que l'on commence seulement à décrypter. Qui aurait parié qu'un fœtus mâle de 18 semaines de gestation bande déjà ?

[19] E815 : *Que Vuoi ?* Que me veut-il … l'Autre ? Telle est la question subversive qui surgit pour Lacan au moment d'angoisse (ou de jouissance ?) face au désir de l'Autre, que connait le sujet. Qu'en est-il de son vouloir ? Question qui semble résolue par Schopenhauer qui subordonne à cette volonté : l'ensemble du comportement d'un sujet ; selon l'adage : « parle à mon cul ma tête est malade ». La Volonté de puissance chez Nietzsche est du même tonneau. Ces deux auteurs ne formu-

C'est aussi, par le biais de la dialectique qu'inaugure « l'instant de voir », que Lacan est fondé à dire (avec Hegel) que le sujet c'est le temps.

Évidemment l'Autre c'est le corps, la chair, la bidoche, ai-je dit, mais allons-nous plus loin ? Ce moment, en tant que scansion dans la temporalité, devient ainsi le paradigme de l'acte par où se manifeste le désir de l'Autre. L'instant est ainsi : l'appareil du désir de l'Autre.

---

lent pas vraiment un scepticisme de bon aloi mais plutôt l'impuissance dans laquelle ils se situent face à cette Volonté. Ce qui fait chez eux symptôme c'est le crédo de l'hypochondriaque, à savoir qu'« au commencement était la douleur »! (cf. Christophe Bouriau, 2013, *Schopenhauer*, Les Belles Lettres).

L'appareil du désir et le pas-un

La notion d'appareil du désir apparait dans le séminaire sur « Le Désir et son Interprétation » (L06). C'est à propos de la scoptophilie et l'exhibitionnisme. L'appareil c'est la fente palpébrale pour l'un et la braguette pour l'autre. Lacan note que « ces deux positions sont strictement parallèles ». Et il poursuit (L06, p.500) :

> « Dans les deux cas le sujet se trouve indiqué dans le fantasme par ce que nous avons appelé la fente, la béance, quelque chose qui est dans le réel, à la fois trou et éclair [cf. plus loin Héraclite], pour autant que le voyeur épie derrière son volet, et que l'exhibitionniste entrouvre son écran. Le sujet est là indiqué à sa place dans l'acte. »

Fente que Lacan algébrise par le biais d'un poinçon : ◊. Topologiquement : point étonnant que le sujet soit représenté par cette fente ◊, fente longitudinale susceptible d'être pratiquée sur une bande de Möbius. Inversement le sujet est ce qui suture, rend unilatère, telle une fermeture éclair, la double bande bilatère de départ. Au niveau du fantasme, du cross-cap, le sujet est ce qui fait coupure (L06, p.501). Lacan introduit même le vocable de *Syntérésis,* mais il serait trop long de dire d'où il tire son inspiration. Tout ceci est donc à retrouver à la séance du 3.6.1959, au chapitre XXIII, intitulé : « La fonction de la fente subjective dans le fantasme pervers. »

Bizarrement, ce chapitre débute par une référence à l'être. Lacan en parlera évidemment largement par la suite et son Séminaire n° XII porte le sous-titre « Les positions subjectives dans l'être ». Séminaire que j'ai tenté d'aborder dans *Qu'en dira-t-on,* mais où je ne me suis pas attardé aux œuvres princeps de Heidegger : *Sein und Zeit* et *Zeit und Sein*, alors que Lacan les a nécessairement lues et parfois commentées en sous-main. Nous avons donc ici de la part de Lacan la formulation d'un certain nombre de raccourcis, à mettre à l'épreuve de la psychanalyse, évidemment. D'où ceci (L06, p.482) : « L'être /…/ c'est le réel en tant qu'il se manifeste au niveau du symbolique.[20] » L'être en tant qu'essentiellement marqué d'une négativité. Et Jean Brini de nous en donner la représentation avec ses 'entrelacs de Hopf', dans la mesure il y propose un aspect du nœud borroméen, figure dans laquelle la négativité du Réel bave sur le Symbolique. Ça recouvre par exemple, cliniquement parlant, le déni extrêmement banal de nos jours, de la part de ceux pour qui le rôle du langage dans la constitution de la réalité, et tout d'abord de la réalité de l'inconscient, est réduit à néant.

Et Lacan d'ajouter : « C'est dans le symbolique que le réel est affirmé, ou rejeté, ou dénié. » C'est donc un poil plus compliqué que ça. La suite de la phrase de Lacan introduit la notion de coupure :

> « L'être n'est nulle part ailleurs /…/ que dans les intervalles là où il est le moins signifiant des signifiants, à savoir la coupure. L'être est

[20] Faudrait-il entendre qu'à l'inverse : le des-être (ou le dé-lire), serait le symbolique tel qu'il se déchaîne dans le Réel ?

> la même chose que la coupure. La coupure le présentifie dans le symbolique. »

Mathématiquement quand on a un 'ensemble compact', entre deux éléments voisins il y a toujours l'éventualité d'y insérer une infinité d'autres. Qu'est-ce à dire ? Car Lacan avait, à une certaine époque, pointé le fait qu'il est des lettres égyptiennes (des hiéroglyphes) qui sont coupées en deux parties. Les curieux trouveront aisément les explications qu'on a pu donner à ce genre de procédé. Voyons la suite :

> « Qu'en est-il de cet être pur ? /…/ L'être pur dont il s'agit c'est le même être dont je viens de donner la définition générale, et ceci, pour autant que, sous le nom d'inconscient, une chaîne signifiante subsiste selon une formule /…/ tout sujet est *pas un*. »

Lacan ne dit pas 'un pas un' ; il dit 'pas un' tout court. Ici, l'objet dit « partiel » par Freud nous tend les bras. Il relève du partitif tout comme l'objet petit 'a'. C'est *Hylé*, de l'argile, et non pas le pot en tant qu'entité individualisable. Ce 'pas un' apparait à la page suivante (L06, p.483) et il ne dit pas que Hans est malin comme 'pas un' ; il dit que « le désir sert d'index du sujet » et qu'au niveau du désir « le sujet se compte ». « C'est dans le désir /…/ que le sujet apparait comptant. »

Il y a un ennui. Il est clair que de part en part Hans se situe dans le discours du maître, Lacan disait : discours de l'arbitraire. Dans *Radiophonie* Sc.2/3, p.99): il distribue les quatre places constitutives d'un discours comme suit : 1) l'agent, 2) l'autre (avec un a minuscule), 3) la production, 4) la vérité. Que met-il à la place de l'agent ? Un signifiant : le signifiant maître S_1. Ça va de soi en ce qui concerne le discours du maître. Il est dit que S_1 procède d'un essaim de signifiants ; c'est donc qu'il y en a toute une variété. Sommes-nous en droit de supposer qu'il y aurait quelque parenté entre les signifiants qui conviennent en tant que S_1 au lieu de l'agent ? Prenons l'avis d'un érudit en la personne d'un psychanalyste agrégé en philosophie nommé Pierre-Christophe Cathelineau et qui propose comme S_{1} : le désir (in : *Lacan lecteur d'Aristote*, p.124) : « S_1 occupe la place du désir. S_2 celle de l'Autre /…/». Donc le 'désir' vient à la place de l'agent. Ok. Toutefois, Cathelineau met S_2 à la place du grand Autre, alors que Lacan nous avait assez seriné qu'il s'agissait là de l'astudé, autrement dit du petit autre.

Que veut dire dans ce cas l'apophtegme de Lacan : « le désir sert d'index du sujet » ? Mais quelque temps plus tard cette place change de nom, puisqu'à présent Lacan parlera du 'semblant' en tant que S_1. Un semblant de désir c'est tout au plus une mascarade.

C'est tout juste bon pour un qui aurait trop absorbé du 9-φ. Ce n'est pas tout ! Après-coup on en est venu à l'ALI à dire : puisque S_1 c'est le phallus, l'insigne du macho et donc du masculin, a contrario : S_2 ne saurait être que le sceau du féminin ; de sorte que l'articulation S_1-S_2 viendrait à représenter la différence sexuelle. Mais alors la différence sexuelle serait-elle sujet ? Ah Seigneur, mon Dieu ! Que suis-je venu faire dans cette galère ?

Ça veut-y dire que je ne me mouille pas dans cette affaire ? Ce que j'ai retenu de ce que Lacan disait du désir c'est qu'il représente la part du besoin qui n'est pas prise en charge par la demande. Autrement dit : ce qui du besoin ne saurait se dire par la voie du signifiant. Ça s'articule autrement.

Là où j'ai l'air de me contredire, c'est plus haut lorsque j'avais avancé que l'objet 'a' c'est ce qui est 'prêt à le porter', le *Gestellt*, et donc le sac (à savoir « le lais qui s'élide dans ce qui se lit » disait Lacan), la place dans le discours, (que Winnicott nomme le contenant) ; et ici je dis que ce n'est pas le 'pot' du potier. Ou alors, et à tout le moins, le pot catalytique. Ou le Jésus en chocolat. C'est la manip par quoi l'objet 'a' passe au signifiant.

En ce qui concerne le Petit Hans (GW p.285), celui-ci se soucie du numéro dans la rue que porte tel bâtiment qui l'intéresse. Un numéro, tatoué ou pas : c'est le genre de marque qui compte.

A propos de ce 'pas un' l'on trouve dans la revue *Critique* (n°800-801 : « Où est passée la psychanalyse ? ») un article de Guy Le Gaufey intitulé « Une valse à deux temps », et où il est question du 'pas un', sans qu'il soit désigné sous ce nom et sans une référence explicite à Lacan. Il s'agit du terme grec *méden,* terme que Barbara Cassin va chercher chez Démocrite et que Le Gaufey relève évidemment, mais sans avoir pris le temps de dire où Lacan a pu cacher la chose. Voici un bout de ce que Le Gaufey nous en dit (p.158) :

> « Via Plutarque et Galien, on apprend que Démocrite distinguait entre le '*den*' des atomes et le '*méden*' du vide, entre lesquels se tissent de subtils échanges. /.../ Si je fais porter ces deux types de négation sur le 'un' (le *'hen'* en grec), j'obtiens soit *ouden* (*ou-de-hen* : pas même un, un = *hen.*) quelque chose qui n'est pas là, factuellement ; soit *méden* (*mé-de-hen)* : pas même, et surtout *pas un*) quelque chose qui ne peut en rien être là, ni ailleurs, le néant pur et simple. »

Souvenons-nous que Hegel partageait avec certains de ses camardes de séminaire (nommément Schelling) l'obsession du *Hen kai pan*. Il était évident que le *Hen* risquait de manquer. Lors du passage du grec au français nous sommes affrontés au rapport de l'être à la lettre. Ça met en jeu ce que jadis j'avais nommé « les clavicules de l'inconscient ». Dans clavicule il y a *clava*, la 'clé' en latin, mais aussi le 'clavier' dont nous faisons désormais un usage quotidien. Il y a lieu de situer aujourd'hui la lettre, la lettre de Freud, dans notre patrimoine immatériel. Car la 'clé' de votre chambre d'hôtel n'est jamais plus qu'un bout de carton muni de propriétés magnétiques. N'oublions pas que notre code génétique est formulé sous forme de lettres (il y a une vingtaine d'acides aminés qui jouent le rôle d'alphabet), lettres qui, en dernier recours, sont ce qui nous constitue. Nous-mêmes mais aussi notre patrimoine, ne serait-ce que sous la forme de ces lettres qui figurent sur les trousseaux qui nous ont été légués. Quand je dis trousseau il est vrai que ça évoque les clés mais aussi l'ensemble des draps, des housses d'oreiller et des serviettes de toilette, bien évidemment.

Ces vérités premières étant rappelées il reste qu'on est toujours surpris par l'usage de la lettre qui s'annonce ici ou là, dans les rêves de Freud, sous forme de formules chimiques. Lacan a vite fait de s'apercevoir que le nombre de fleurs que comporte le bouquet de la triméthylamine correspond au nombre exact d'entrecroisements que supposent ses trois dimensions : RSI. Et du coup il est allé jusqu'à décorer la menora d'un nœud borroméen à trois ronds.

A titre d'exercice : à quel genre d'être correspondent, selon vous, des écritures et donc les assemblages de lettres du style : φ-H, φ-OH, 9- φ et φ-NH3 ? Ça désigne pourtant des substances d'une actualité brûlante telles que le benzène, le phénol, le nonylphenol et l'aniline (phénylamine). Où φ est le radical : phényle. Le 9-φ, est présent dans l'eau dite potable et fait partie des 'perturbateurs endocriniens'0

Il a de ce fait la propriété de féminiser les organismes vivants. Sur Wikipédia il est dit :

> « La structure et la forme du nonylphenol /…/ ressemblent assez à celle de l'hormone naturelle œstradiol /…/ pour que cette dernière, par effet mimétique, agisse comme perturbateur endocrinien. Les récepteurs hormonaux de l'organisme confondent en quelque sorte la seconde avec la première. Ces molécules agissent sur l'équilibre hormonal de nombreuses espèces vivantes sauvages ou domestiquées (animales... ou végétales dans le cas des phytohormones). Ces molécules agissent sur l'équilibre hormonal de nombreuses espèces vivantes sauvages ou domestiquées (animales... ou végétales dans le cas des phytohormones) ».

Dans sa définition des quatre discours, Lacan part d'une matrice à quatre termes, S1, S2, a, $; mais, s'agissant du lien social impliqué par chacun de ces 4 discours, il apparait immédiatement une disparité flagrante. Qu'en est-il du lien social entre psychanalystes ? Dans son ouvrage : *Le discours psychanalytique*, Christian Fierens consacre un chapitre au 'sens' de ce discours. Il dit (p.129) qu'il s'agit d'un lien social : « nettoyé d'aucune nécessité de groupe ». Ce qu'il met au compte d'un fonctionnement du type 'cartel'. Qui ne suppose aucune co-présence des participants[21].

---

[21] J'imagine ces quatre participants, dispersés tels les 'pères du désert', dans un n'espace, un 'nulle part', où la seule voie de communication serait le chameau. Le premier viendrait à épiler sur la poitrine du chameau un cercle : ⊙, au centre duquel pousserait une touffe de poils, histoire d'envoyer le message suivant : « Chaudron de toi, *sursum corda* ! ». Allusion semble-t-il, à l'épisode biblique où il est question d'un Abraham (sauvé du brasier), un jour où ça a chauffé pour lui, lorsque ses ennemis ont mis le feu au bush. Mais aussi à Élie élevé au ciel sur

Dans le 'discours du psychanalyste', l'analyste, dans son isolement, se situe à cette place du *meden*, place de l'objet 'a' et donc du desêtre : ⊙. Mais aussi en catalyseur de l'être du sujet : le symptôme. Symptôme insupportable au point d'être rejeté au nom du sentiment qu'il s'agirait là de l'autre nom de l'imposteur. Faut-il considérer qu'il s'évapore pour vampiriser son analysant ? En tout cas c'est ce que laisserait à entendre un autre intervenant dans cette même revue (*Critique)*, Jean Allouch (« Fragilités de l'analyse ») qui a l'air de découvrir la problématique de la 'spiritualité' chez Freud et chez Lacan. Pour mieux ignorer leurs clinamens respectifs : Freud 'franc-maçon' et Lacan 'lecteur de Maurras' (cf. J.-A. Miller en L06, note 74, p.582).

Toutes choses qui m'ont entrainé sur un terrain où se tient le Petit Hans. Celui de la parole. Il m'est arrivé de questionner une personne dite transfrontalière (ce qui veut dire qu'elle habite en France mais travaille au Luxembourg), de l'interroger sur le fait de savoir si elle parlait le patois régional.

Elle me répond : 'Un peu'. Sauf qu'elle le fait dans le patois en question ce qui veut dire alors tout le contraire :

---

son quadrige de feu. A quoi correspond l'arsenal à la fois temporel et spirituel du sage chevaleresque : la cascade lumineuse, les météores et tout spécialement le glaive de l'éclair. Bref, le rond pointé est le symbole du soleil, du feu du ciel, mais aussi du 'rien' et de l'anéantissement ; message d'humilité et d'allégresse : 'haut les cœurs', adressé au Très haut. La réponse, transitant par les trois autres participants, ne se fait pas attendre et le chameau revient avec cette fois : épilées sur sa croupe, trois flèches verticales : ↓↓↓. Jadis insigne du socialisme, ce symbole, évoque à la fois la pluie et la foudre, mais dit surtout l'en forme de la bénédiction : « Que la Providence fasse pleuvoir sur toi tous ses bienfaits. »

'Je ne fais que ça, excusez du peu !' Que m'a-t-elle répondu au juste : '*Ein bißchen*'. Une première difficulté vient de ce que ce mot comporte un double s (ss=ß) qui, typographiquement, use d'un signe dont je ne dispose pas sur mon clavier et donc j'en suis réduit à le remplacer par un 'béta' ß grec. La seconde difficulté vient de ce que '*ein bißchen*' veut dire littéralement 'une bouchée', à partir de *beissen, beißen* qui veut dire mordre. En français un morceau (un 'bout de réel') conviendrait à condition de lier 'morceau' à 'mordre'. Freud signale en note (*G.W.* VII, p.265) l'usage de l'expression *Es beisst mich* au sens de 'ça me démange'. Bref, avec '*bißchen*' nous sommes dans le partitif. Et donc dans le 'pas un'. Il reste à retrouver *bißchen* dans la bouche de Hans[22].

Mais vous voyez le niveau d'analyse auquel nous sommes portés dès lors qu'il s'agit de repérer le désir. Chez Hans il s'agit du désir de mordre (au 'partitif' : mordiller ?) mais aussi de la crainte de 'se faire mordre'. Chose qui n'est pas loin du sens du réflexif : 'se faire baiser'. Imaginez ce qui se passe dans le crâne d'une personne qui -suite à un coït- vient à réaliser : 'Je viens de me faire baiser' ?

---

[22] Le 28 mars, après la rêverie des deux girafes, Hans, parlant de la girafe chiffonnée, dit ceci (5ψ, p. 117) : « Je l'ai tenue un petit peu dans ma main jusqu'à ce que la grosse ait cessé de crier (G.W., VII, p.285) : *« Ich hab' sie* ein bißchen *in das hand gehalten bis die grosse zu shreien aufgehört hat /…/.* » L'action de tenir dans la main convient pour désigner la masturbation, à propos de laquelle il ne cesse de se faire réprimander par sa mère, dans la mesure où pour elle : toucher au zizi est une 'cochonnerie' (*Schweinerei* : G.W., p.255). Mais cette 'mainmise' est une revendication centrale dans la problématique de l'H&L.

Observez qu'à partir d'un terme comme '*bisschen*' je suis passé à une construction, et donc à la production d'un effet de structure, structure paranoïaque si vous m'avez bien entendu. Le recours à la topologie c'est une 'construction dans l'analyse' ainsi que s'exprimait Freud. On dit aussi que la phobie est un remède contre la paranoïa[23]. Chose que j'ai tenté d'illustrer. L'appareil du fantasme de Hans est une gueule ouverte, en quoi on dira qu'on est dans l'oralité.

Au départ de l'observation du petit Hans c'est le 'pas un' qui s'impose comme monopolisant l'intérêt de Hans sous la forme du *Glied*, le 'membre' qu'il nomme aussi '*Popo*'. Élément qui donne lieu à une note de Freud, elle datée de 1923 [G.W. VI, p.246, note 1], disant qu'il s'agissait au départ d'une partie du corps de sa mère (*Körperteils,* le sein, évidemment), partie qui se présente par rapport à Hans en position de rivalité (*Eifersucht*, p.248). Ici Freud rapporte le cas d'un jeune garçon qui constate l'infériorité de sa petite sœur en s'exclamant : « *Zu Klein* ». A ceci près qu'il omet le 'l', ce qui donne '*Kein'*, c'est-à-dire : 'rien' [G.W. VI, p.248, note 1]. Toutes choses qui pré-existent à la Frustration qui, elle, est l'opération par laquelle la mère disant : 'non' à la demande de l'enfant, produit l'objet en tant que réel, c'est-à-dire comme séparé d'elle. Il n'est plus à disposition de l'enfant ; il doit être demandé. La question de l'onanisme est centrale dans l'observation du Petit Hans. Mais il se trouve qu'elle le fut aussi dans celle de la fille de Freud : Anna, ainsi que celle de l'H&L. Freud rapporte en note un bout d'observation anonyme (5ψ, p.103 ; *G.W.* VII,

[23] C'est ainsi que les tentatives de réduire la 'phobie de l'RSI', peuvent-elles se solder par l'apparition d'un RSI-pèle !

p.255, note 1), mais il est fort probable qu'il s'agisse d'Anna Freud :

> « Une tentative analogue de séduction me fut rapportée par une mère, elle-même névrosée, qui ne voulait pas croire à la masturbation infantile, et ceci de la part de sa petite fille âgée de 3 ans ½. Elle avait fait faire pour la petite une culotte et comme elle la lui essayait, /…/ en posant la main sur la surface interne du haut des cuisses, vers le haut, la petite ferme soudain les jambes sur la main de sa mère et pria : 'Maman laisse-donc ta main là. C'est tellement bon' (*Mama, laß die Hand doch da. Das tut so gut*) ».

En somme : les attouchements ça fait du bien ! Ma question est : 'Qui donc aujourd'hui oserait confirmer ou infirmer les conclusions de Freud sans passer pour un pédophile ?' Il est clair que dans ce domaine comme dans d'autres la piété sociétale sanctionne l'exploration scientifique. Pour ma part je doute de l'existence d'une masturbation spontanée à cet âge, mais il est indubitable que la mère en question ait fait une découverte, à savoir la découverte de ce qui peut apparaitre comme une extension de la zone érogène à proprement parler 'génitale'. Il se peut même que le vécu par la petite fille en la circonstance ait été le signal pour une mise en œuvre de la masturbation. En ce sens la 'séduction' est à mettre au compte de la maman. Ça explique pourquoi celle du petit Hans évitait de toucher le zizi de son fils après le bain, lorsqu'elle était en train de le poudrer. Mais peut-être savait-elle déjà ce qu'il en coûte d'y toucher.

Notons en passant que la notion de séduction est centrale dans l'observation de l'Homme aux Loups [H&L], et je crois qu'en l'occasion on peut parler, avec Lacan, de « subversion du sujet ». Sans omettre le cas Dora, où il y a lieu désormais de tenir pour assuré qu'il y eut inceste. Mais n'anticipons pas.

Chemin faisant Lacan nous propose d'autres caractérisations de sa triade RSI. Sous la forme du : 'enraciné, perforé, troué' ; à quoi s'ajoute la 'vis' : objet 'a'. 'Enraciné' renvoie au phallus dont Lacan nous dit qu'il est « quelque chose qui est pris dans le jeu symbolique ». Il reste que 'perforé' renvoie à l'Imaginaire et 'trou' au Réel. Jeu de bonneteau dira-t-il, où Hans entre en péréquation avec le phallus (L06, 13.3.1957) :

> « La notion de *Vergleichung* qu'on traduit en français par 'comparaison' ou comparé- nous dirons presque que c'est le mot péréquation /…/ entre une sorte d'objet absolu, le phallus, et sa mise à l'épreuve du Réel. Il ne s'agit pas d'un 'tout ou rien' avec lequel le sujet joue jusque-là /…/ il n'est jamais là où on le cherche, jamais là où on le trouve ; avec le jeu de bonneteau, le jeu de cache-cache, il s'agit maintenant de savoir où il est vraiment. »

The Brain on my Mind

Ubiquité de Hans, l'anti-aristotélicien. Mais aussi de Dora, ainsi que l'on le verra. Ici je ne dirai rien du lien de Lacan à Stéphane Lupasco : l'inventeur du 'tiers inclus'. Faut-il à ce propos faire l'inventaire des discordances entre les postérités respectives des premiers géniteurs bibliques : Adam, Caïn et Seth, et leurs modes respectifs d'*effaçons* des RSI ?

Martinès de Pasqually[24] y avait déjà pensé.

---

[24] [MP, p.278.] « Il ne peut y avoir sur cette même terre que trois nations principales [Lacan parlera de trois dit-mansions] /…/ Ces trois nations ont été représentées par les trois enfants de Noé /.../ Cham au Midi, Sem à l'Ouest, et Japhet au Nord ». Mais cette tripartition est précédée (à la même page) par une autre, que voici : « /…/ L'ouest à Adam, le Sud à Caïn, et le Nord à Seth. De même qu'il y a trois cercles sphériques : le sensible, le visuel et le rationnel /…/ de même aussi la création universelle est divisée en trois parties. » [S, I, R selon Lacan]. Tripartition qui se retrouve sur le plan alchimique sous la forme du Soufre, du Sel et du Mercure [MP, p.214, 268 & 270]. La postérité d'Adam reçoit une autre interprétation encore, amorçant une sorte de tresse à quatre fils comme suit [MP, p.278.] : au premier temps on a, dans l'ordre : Caïn, suivi de ses deux sœurs et pour finir Abel. Au second temps (par décision de Dieu le Père), la primauté revient à Abel qui passe ainsi par-dessus les trois autres pour venir à la première place. Par la suite, Abel et Caïn étant assassinés, interviennent les noms de

La lecture du livre de Jean-Philippe Lachaux : *Le cerveau attentif*, (2013, Odile Jacob poche édit.) nous sera l'occasion de relancer notre abord de la phobie. Tout spécialement au chapitre 8 : 'La résistance s'organise' (p.233), où l'on procède à une expérimentation qui consiste à contrecarrer les intérêts spontanés du sujet. En particulier dans le champ visuel, afin d'aboutir à un sorte de 'maîtrise de son attention' (titre du chapitre 12). Concrètement, si j'ai la compulsion de zyeuter en direction d'une jeune personne qui attire mon regard, l'exercice consistera à m'efforcer de regarder de l'autre côté, et donc à contrarier mon intention première. La consigne propre au modus expérimental visera ainsi à me faire adopter à l'égard de l'objet désigné : 'jeune personne', une attitude quasi-phobique. Ça marche avec des singes, modulo le fait de leur donner, après-coup, des compensations sous forme de friandises. Sauf que là l'objet à éviter sera 'un rond' alors que celui qui sera préféré sera 'un triangle'.

Toute la question est de savoir si l'on est susceptible de renoncer au désir de retourner au Paradis, et donc de jouir de la vie éternelle. Pour les stratégies employée voyez Pascal et son 'pari'. Quand on désespère d'un 'plus être' on se met à rêver de décroissance. Ça croasse même très fort en ce sens, chez les grenouilles de bénitier, ces temps derniers.

On voit bien à quoi vise cette procédure, à savoir : une tentative de déconditionnement à mettre en œuvre dans les cas d'addiction. Ça pourrait servir aussi à désamorcer une

---

Booz (fils de Caïn) et d'Hénoch (fils de Seth) qui contribuent à la suite du tressage. Tressage où Noé, Abraham et Moïse se situeront en tant que moments où ce tissu se défait pour constituer des nœuds. Reconquérir la primauté (qui lui a été volée par sa sœur Anna) est le leitmotiv des cures successives de l'H&L.

phobie mais dans ce texte ce cas n'est pas envisagé. Bien entendu ça sert surtout à desambigüer votre position, si d'aventure elle oscillerait entre le masculin et le féminin, ou entre le plus et le moins.

En revanche, l'étude du cerveau préfrontal par l'IRM permet de voir ceci : lors des exercices de calcul, les zones cérébrales du sujet concernées par les opérations d'addition ou de soustraction diffèrent. Ça me remet à l'esprit une réflexion que je m'étais faite à propos des manières de désigner et de noter ces deux opérations mathématiques aux temps préhistoriques (chez les assyro-babyloniens). Et surtout quant à savoir par quel biais elles seraient susceptibles d'être symbolisées en rêve. Freud s'est soucié dans sa *Traumdeutung* des calculs dans le rêve, mais il me semble pertinent de considérer les 'sommations' comme produisant essentiellement des 'gains' et les 'soustractions' comme imposant des 'pertes'.

Les uns symbolisés par des anges et les autres par des démons. Les uns connotant le principe de plaisir et les autres le principe de réalité. Les uns ayant un pouvoir d'attraction et les autres d'un pouvoir de répulsion. La réversibilité de ces pulsions ne saura être obtenue que par une sorte de corruption introduite par le fait de récompenser la démarche discordante. Mais qui dit discorde dit déjà psychotisation.

Ces dichotomies donnent lieu, bien entendu, à une combinatoire que l'on serait tenté de rapprocher des différentes conceptions de l'inconscient proposées par un tel ou un tel. Pour Freud (dans son *Esquisse ...)* l'inconscient est en forme de réseau hydraulique[25] susceptible d'amortir les à-

---

[25] E216 : Lacan évoque à ce sujet les artifices d'hydraulicien de Freud dans le cas Dora : aux fins d'assurer le franchissement de certains bar-

coups dont l'homéostase d'un individu est menacée du fait de l'intrusion de stimuli d'intensité croissante ; susceptibles de la modifier.

L'inconscient selon Lacan est, lui, une véritable 'usine à gaz' où des tuyaux s'entrecroisent dans un assemblage complexe. Non sans toutefois que cette complexité ne puisse être subvertie par l'aperception de nouages plus simples, tels qu'ils puissent être considérés comme des sous-ensembles représentatifs de la structure dans sa totalité. Leur répétition : c'est ce qui les rend repérables.

---

rages, et que « le cours puisse s'en poursuivre selon les lois d'une gravitation qui lui est propre et qui s'appelle la vérité ».

L'Homme aux Loups (H&L) ou le coinçage par la séduction[26]

Les rêves doivent être considérés comme de tels ensembles. Mais avant de développer ce point je rappelle que j'avais annoncé qu'à différents moments Lacan a repris textuellement les paroles de Freud, et qu'il est temps d'en faire la démonstration. Revenons à l'observation de l'Homme aux Loups [H&L] qui se situe dans le tome XII des *Gesammelte Werke* [G.W.] mais évidemment aussi en français dans les 5ψ. Notons que dans le volume XII : le nom d'Otto Rank est mentionné à cinq reprises.

L'observation de l'H&L commence par un rêve, dit inaugural, que Lacan exploitera à divers endroits, notamment à propos de 'l'appareil du fantasme' et donc à propos de cette fente palpébrale qui s'ouvre sur la vision de l'arbre aux loups. Fente qu'il figurera sous la forme d'un poinçon (◊). En effet, je parle de fantasme car au fond c'est un rêve

[26] Par la suite, Freud a cessé de se référer à la théorie de la séduction pour ce qu'il en est de la genèse de la névrose. Sans pour autant renoncer à l'élément traumatique dans la causalité de l'hystérie. Or ceci ne fait que traduire un changement de stratégie à l'égard de ses lecteurs. Pas plus que, de nos jours, un psychiatre n'oserait impliquer les parents dans la causalité de quoi que ce soit.

à la limite du 'rêve éveillé', puisqu'il se situe au moment du réveil, lorsque l'H&L ouvre les yeux. Là seulement il voit les loups perchés sur le *(Ge)nussbaum*[27], le noyer certes mais aussi l'arbre de la félicité, immobiles et les yeux écarquillés.

N'empêche que nous sommes en présence d'un phénomène d'ordre hallucinatoire[28]. Souvenons-nous de la phrase que Lacan produit en 1977 :

---

[27] Le fait que le jour de Noël coïncide pour l'H&L avec son anniversaire, ce coup du destin détermine ses attentes, qui, en l'occasion, sont déçues dans une certaine mesure (il s'attendait à deux fois plus de cadeaux). Je parle de *Ge-Nußbaum* (de cet arbre de Noël comme 'arbre de la jouissance') non seulement en raison de l'assonance entre *Nuss* et *Genuss*, mais aussi parce que Freud dit ceci : « Parmi les désirs formateurs du rêve, le plus puissant devait être le désir de la satisfaction sexuelle (5ψ, p.348 ; G.W. XII, p.62 : *sexuellen Befriedigung*) qu'il aspirait alors d'obtenir de son père ». La suite de la phrase de Freud indique que l'H&L désirait être partie prenante dans la 'scène primitive'. En réalité il cherchait un adoubement lui conférant la primogéniture de *Tronfolger* (G.W. XII, p.60), de *Tzarévitch*. Problématique que Freud a ratée parce qu'elle avait été déjà la sienne. On dit que le cas de l'l'H&L a été une aubaine sur le plan théorique mais un ratage sur le plan du traitement. Se peut-il que Freud ait été victime de ses *neurones miroir* et donc de sa compassion ou de son empathie ? N'a-t-il pas connu, tout comme son patient, dès son plus jeune âge, de désagrément de devoir changer de ville de résidence et donc de domicile et perdre ainsi ses repères vitaux ? N'a-t-il pas eu la 'même' gouvernante anglaise ? Toujours-est-il qu'après la révolution d'octobre en Russie, Freud a fait la manche auprès de ses confrères pour subvenir aux besoins de son ex-patient, devenu impécunier. Notons en passant que l'H&L devait connaitre le français, puisqu'il avait -dans une traduction latine-, substitué 'fils' à '*filius*' (5ψ, p.352).

[28] Au musée du couvent situé en haut de la colline de Cimier, à Nice, j'ai découvert une vieille photo d'un arbre très ressemblant à celui que

« L'Inconscient, c'est très exactement l'hypothèse qu'on ne rêve pas seulement quand on dort. »

Après-coup [G.W., p.61] l'H&L se demande si ce ne serait pas, par hasard, lui qui se trouverait sur l'arbre (métamorphosé en Loup, bien entendu), vu qu'il est là, lui, bel et bien dans la posture : « immobile et les yeux écarquillés ». A ce propos Freud parle de *Verkehrung oder Umkehrung*, et même de *Verwandlung ins Gegenteil.*

Ce que l'on traduit [5ψ, p.347] respectivement par : « renversement ou interversion » [29] d'une part, et par « changer une chose en son contraire (le repos à la place du mouvement) d'autre part.

Le sujet[30] est d'autant plus surpris qu'il avoue, après-coup, avoir observé que lors de la 'scène primitive', sa mère sortait tout à fait indemne et réjouie de l'épreuve, alors que l'H&L aurait songé à la peindre en victime d'une sorte de *maltraitance.* Il reste à savoir si ce constat devrait lui aussi subir le changement en son contraire. A moins d'admettre que la *jouissance féminine* ne ment jamais. Ce dont il ne

---

dessine l'H&L, sauf que les loups y sont remplacés par des personnages en soutane (des popes ?). Aurai-je halluciné ?

[29] (5ψ, p.348) : Freud précise l'ensemble des données qui se trouvent interchangées : « le sujet contre l'objet ; l'activité contre la passivité ; 'être regardé' contre 'regarder'.

[30] Le père de l'H&L [l'H&L = Sergius Pankéjeff, MB-J, p.133], Konstantin Pankéjeff, magistrat anobli, participait à des chasses au loup et il existerait à la Bibliothèque du Congrès « plusieurs photos du jeune Sergius se tenant avec sa mère et sa sœur devant un amoncellement de bêtes tuées. » Il s'offrait le luxe de militer à gauche des octobristes, alors que par la suite sa famille eut énormément à souffrir de la révolution, révolution qu'il avait appelée de ses vœux. Rien d'étonnant qu'il en ait été très déprimé. Il reste que H&L, comme maint fils de magistrat, se devait d'avoir des problèmes avec la loi.

semble pas avoir tenu compte par la suite. Il s'est comporté selon le précepte : « A père transgressif (ou poltron) : fils anar. » Un tel précepte serait-il de nature à fonder une éthique nouvelle ? Une sorte d'universalité fondée sur l'immanence.

A propos de *jouissance féminine*, citant Hegel dans la problématique du maître et de l'esclave, Lacan dit que (L14, 31.5.67, LEF5 p.78):

> « La position de celui dont le corps est remis à la merci de l'autre est celle qui permet le mieux l'ouverture sur ce qui peut s'appeler la pure jouissance. »

Sauf que l'hystérique est celle qui n'en veut pas, de cette position et de la jouissance à quoi elle ouvre. En clamant : « Ni Dieu, ni Maître » elle ne cesse d'exprimer sa méfiance envers les hommes, 'tous des imposteurs', et tout spécialement les psychanalystes ; Lacan y compris, qui, à l'instar des curés, soutient que nous ne sommes que 'peu de chose', des déchets, de la merde[31], tout juste bons à être roulés dans la farine ! Bref, tous des enfoirés. Sauf qu'il me semble que depuis quelque temps ce qualificatif est arboré par certains comme une enseigne, un titre de noblesse. C'est un point de vue.

C'est par un schéma situé à la page 97 de L11, que Lacan avait illustré les positions respectives dans la jouissance, celle du regard (du sujet) et celle de l'objet. L'usage qu'il fait de ce schéma est, lui, une vraie imposture puisqu'il le reprend (sans le dire) de Nicolas de Cues, tel qu'il figure dans

---

[31] C'est ainsi que s'exprime dans un écrit récent (*intraday*) : une consœur, en quoi elle ne fait qu'officialiser ce qui se dit dans son cénacle, formé principalement de femmes. Mais une stipulation aussi partisane a-t-elle sa place dans une institution psychanalytique ?

le livre de Maurice de Gandillac intitulé : *La docte Ignorance* (1942, p.65). Schéma où la question de l'universalité de la subjectivation est soulignée. Sauf qu'il nous offre en l'occasion les clés du l'énigme ; l'énigme dont le *qui pro quo,* et l'*Entstellung* (le dépaysement et aujourd'hui : la dé-localisation) résument *de facto* les deux facettes de l'imposture. Quand Spinoza parlait des *Trois Imposteurs*, s'agissait-il déjà de la triade lacanienne : R,S,I ?

Bref, le rêve inaugural de l'H&L est d'abord un scénario que Freud nommera 'scène primitive', et donc correspond à l'observation par l'enfant d'un coït entre ses parents. Moment où 'l'enfant' H&L est (par Freud) vu : voyant ! Ici Freud fait le pas qu'il n'avait pas osé faire clairement à propos du 'charivari' du petit Hans. Il présente ce rêve diurne comme une transformation de la réalité observée et il tente de fixer les paramètres de cette métamorphose. Personne n'a l'air de se demander quelle jouissance (parfois cauchemardesque) tire le rêveur de cette anamorphose, puisque chaque élément du rêve renvoie au rêveur ? Chose dont Lacan s'était enquis dès 1953, à propos du rêve de l'injection faite à Irma, et qui nous est parvenue grâce aux indications que nous devons à Anzieu.

En second lieu, s'il y a eu 'scène primitive' il y a lieu de tenter de fixer l'époque de la vie de l'H&L à quoi correspond le scenario du rêve, scenario que je traite comme un cache misère. 'Représentation limite' (*Grenzvorstellung*) ou 'Souvenir-écran' (*Deckerinnerung*), proposait Freud, mais de quoi ?[32] Que se cache-t-il derrière cet écran ? Surtout

[32] Evidemment, derrière l'*Urverdrängung*, le refoulement primordial ; mais ce qui n'est pas dit est tout de même articulé ! Il parait qu'on lit parfois sur le visage d'un fœtus l'expression d'une infinie tristesse.

que ce rêve comporte une vision quasi hallucinée dont la réalité saute aux yeux.

Freud se contente de mentionner en note (5ψ, p.349) que, contrairement à sa thèse initiale, il eut été loisible de dater ce souvenir à l'âge de 'six mois :

> « On pouvait aussi penser à l'âge de 6 mois, mais avec bien moins de vraisemblance : l'hypothèse semblait de fait à peine soutenable. »

C'est l'hypothèse la plus probable ; car ce qui a été forclos, faute de pouvoir se dire en mots, fait retour sous une forme hallucinée. Mais Freud n'y croit pas assez alors qu'il argumente visiblement en ce sens. Ce qu'il formule, par exemple, comme suit (5ψ, p.350) :

> « Le contenu de cette scène [*coitus a tergo*] ne peut donc en lui-même pas [sic] servir d'argument contre sa crédibilité. Le soupçon d'invraisemblances se portera sur trois autres points. En premier lieu, un enfant, à l'âge tendre de 1 an 1/2, est-il capable de recueillir des perceptions relatives à un processus aussi compliqué et de les conserver si fidèlement dans son inconscient ? »

Ici Freud ajoute en note (note 4) que pour qu'il y ait souvenir il eut fallu que l'enfant soit : « parfaitement capable de parler ». J'y insiste, parce que ça se retrouvera dans l'observation de Dora : ce qui ne peut se dire [la vérité] est susceptible de reparaitre sous une forme hallucinée. Ou sous celle d'un suicide. Sauf qu'à l'époque de Freud on était loin des avancées actuelles dans la question de la néoténie. Notons que Freud était né 'coiffé', ce qui veut dire qu'au moment de sa sortie du ventre de sa mère il a été devancé par le placenta. Par ailleurs, ce qu'il essaie de mettre en valeur c'est l'entrée en jeu de la castration, et c'est là ce qui fait obstacle à la révélation du souvenir réprimé et aussi à la satisfaction du désir. Ce n'est que sous la contrainte de la limite temporelle que Freud imposera à la durée de la cure, qu'après-coup l'H&L précisera son souvenir et la modalité du coït aperçu : *a tergo,* ou encore : *more ferarum* (5ψ, p.353).

Ce qui veut dire 'à l'envers', avec toute l'ambigüité de savoir sur quoi porte l'inversion. Qui est l'agent ?[33] Freud extrapole sur ces données pour parler des futures relations de l'H&L aux femmes, et il en infère sa probable préférence pour la position dite 'en levrette', situant ainsi ces données dans le cadre d'une érotique anale. Mais l'épisode du chevreau caché dans le coffre de l'horloge (5ψ, p.352) présenterait le ventre de la mère plutôt comme un ultime refuge. Du coup Otto Rank n'est pas loin : ce lieu d'asile c'est : 'Le Paradis terrestre'.

Je dois préciser que la structure d'un rêve (au sens ordinaire) diffère de celle d'un rêve dit 'diurne'. Et c'est ce qui fonde Lacan à s'y intéresser tout particulièrement. Ici, Freud lui mâche le travail. Le 'rêve éveillé' mérite d'être traité comme un représentant de la représentation (la scène primitive), et la *Vorstellungsrepräsentanz* de Freud n'est rien d'autre que la structure, structure en quoi consiste la transformation de 'la réalité observée' en 'rêve éveillé'. Ainsi, selon mes propres critères, la structure, de cette application au sens mathématique, est de l'ordre de celle de l'énigme. Une énonciation qui se dénonce, dira Lacan. Voyons ça de plus près.

De tout temps le monde a été peuplé d'êtres énigmatiques et, comme nous le faisons volontiers aujourd'hui, ces évènements sont attribués à des extra-terrestres. Qui peuplent la

---

[33] Il est clair que Freud n'envisage pas une relation où ce serait la mère qui 'monterait' le père.

voûte céleste. Dieux ou météores, leurs actions et leurs apparences sont celles des formes qui nous sont familières et l'on dira ainsi que *tout ce qui est au ciel est comme ce qui est sur terre*. La télé m'a fourni récemment un modèle de cette transformation. Il était question de la 'quête' d'un trésor situé sur une île, quête s'appuyant sur un document unique, à savoir une carte du ciel ; carte où était soulignée la 'constellation du scorpion'. Il s'agit d'un alignement étoiles de diverses grandeurs, que l'on désigne aujourd'hui par le biais de lettres grecques. Bref, une des étoiles avait été entourée de rouge et il se trouve que, depuis, la chose a été déchiffrée, puisqu'on a repéré une île dont le profil correspond exactement au tracé de la constellation *Scorpio* ; et surtout la crique où le trésor était censé se situer, à l'endroit précis où une étoile était soulignée dans le parchemin.

En ce point prévaut la formule qui nous vient d'une inscription antique dite : *Table d'Émeraude d'Hermès Trismégiste,* et qui était connue de Freud, puisqu'elle est inscrite en toutes lettres dans son parcours au sein du B'nai B'rith. Ainsi, à propos du rêve diurne de l'H&L, Freud déclare que les loups qui sont sur l'arbre sont en réalité au sol, et que c'est lui, H&L, qui est sur l'arbre. Le rêve est une imposture.

Et c'est de là, dira Lacan, que le sujet « reçoit son propre message sous forme inversée ». C'est ce que l'hystérique, en tant qu'emmerdeuse, ne veut absolument pas entendre. Freud ne va pas jusque-là. Il argumente à partir d'un fait, qui a étonné tout l'entourage de l'H&L, et qui réside en ceci : que, ce Noël-là, l'enfant est pris d'un premier accès de rage (*Wut);* en réalité ses parents plaident en faveur d'accès bien antérieurs ; un déchainement qui va se répéter, que Lacan mettra en parallèle avec un tel accès de fureur sacrée, épisode noté dans l'enfance de Goethe, accès de colère qui s'accompagnait d'une vocifération toute particulière. Chose qu'on n'observe pas dans le cas de la phobie du petit Hans, pas plus que ces 'accès de dépression récurrente' présents chez l'H&L et qui orientent Freud vers la nécessité d'une enquête quant aux antécédents familiaux de l'H&L. Il y a donc tout un contexte qui viendra expliquer l'évolution ultérieure du cas, vers quelque chose qui n'est plus une simple névrose. Il est toutefois remarquable que ces accès de fièvre que mentionne Freud (dûs à la malaria, mais n'oublions pas que les brebis qui peuplaient le troupeau du clan étaient jadis -avant la vaccination- frappées d'un mal qui les a décimées, probablement une brucellose), auxquels succéderont les phases de dépression (effets de la pulsion de mort ?), se produisaient toujours au même moment dans la journée, à savoir : vers cinq heures. Freud y verra par la suite la marque de l'inconscient sous la forme d'un cinq écrit en lettres latines : 'V'. Irons-nous jusqu'à soupçonner chez l'H&L quelque dysfonctionnement de l'aire dite *girus cinqulaire* ?[34] Comment se garder de telles intuitions ?

Tout ce parcours pour vous faire toucher du doigt la finesse des observations de Freud : tant dans le cas du Petit Hans que dans celui de l'Homme aux Loup, et tout le bénéfice que Lacan a pu en tirer. Il reste que Freud parait satisfait de cette cure puisqu'il écrit (5ψ, p. p.349) :

> « Je suis ici parvenu au point où je dois abandonner l'appui que m'a jusqu'ici offert le cours de l'analyse. /.../ Ce qui cette nuit-là fut réactivé et émergea du chaos, traces mnémoniques inconscientes, fut l'image d'un coït entre ses parents. /.../ Nous parvînmes à obtenir peu à peu des réponses satisfaisantes à toutes les questions qui pou-

[34] Je blague !

vaient se poser relativement à cette scène car, au cours du traitement, ce premier rêve reparut en innombrables rééditions et variantes dont l'analyse nous fournit toute l'élucidation souhaitée. »

'Patience[35] et longueur de temps', telle est la devise du psychanalyste.

J'ai évoqué (cf. plus haut l'image en exergue) la problématique du *Tronfolger* (G.W. XII, p.60), essentielle dans le cas de l'H&L, à savoir reconquérir le trône et la primogéniture qui manifestement lui échappent du fait des manigances de sa sœur. Freud n'approfondit pas cette référence - tout à fait essentielle- qui l'aurait mis sur la piste du conte du « Tzarevitch au loup gris », tout simplement en vertu de son empathie, puisqu'il avait été dans le même cas, par référence à ses demi-frères en Angleterre. Il se contente de mentionner la sorte de maltraitance dont son patient a été l'objet, maltraitance imaginaire mais qu'il aurait mérité : vu le plaisir qu'il prenait à arracher les ailes des mouches et à battre toutes sortes d'animaux, du moins en imagination. Selon lui le Tzarévitch, en tant qu'héritier du trône devait être 'enfermé dans une pièce étroite et battu'. 'On bat un enfant'. Ces fantaisies sado-maso de l'H&L ont un rapport avec l'histoire des loups, et se retrouvent dans le conte du « Tzarevitch au Loup gris », conte abondamment illustré dans l'iconographie russe. Ce conte est une version de celui des Frères Grimm intitulé : 'L'oiseau d'or', et sur lequel j'ai brodé il y a déjà un certain temps. J'en ai donné un résumé dans mon livre : *Pour une clinique du réel* (1998, L'Harmattan édit.) à partir de la page 14.

---

[35] (5 ψ, p. 8): "*NichtKunst und Wissenschaft allein Geduld will bei dem Werke sein !*" (Note 1) : [Le génie est une longue patience] Goethe, *Faust*, I, Hexenküche (G.W., V, p.175).

D'où un certain nombre d'enseignement relatifs à la problématique des chaines et des nœuds. Une métonymie renvoie toujours à 'autre chose' et relève de la structure de la chaine, ou de la tresse, alors que la métaphore nécessite un point d'arrêt, de serrage, que seul le nœud est à-même de produire. Notre embarras vient de ce que le nœud borroméen se présente au moins sous deux formes, une classique : où le serrage se fait correctement autour de l'objet 'a', et une autre : le nœud bô, qui comporte la propriété borroméenne, mais sans que le serrage y soit évident et donc s'apparente cette fois à une chaine '. (Le serrage dans le 'nœud borroméen standard' s'effectue entre les points de croisement notés 2, 4 et 6, qui encadrent et enserrent l'objet 'a'.) Dans le conte de 'L'oiseau d'or', métonymie et métaphore fondent deux éthiques différentes. Tout au long de son parcours à la recherche de l'oiseau d'or, le *Tzarévitch* est briefé par un loup un peu spécial, dont on dira qu'il a le bras long, à partir du moment où on réalise que sa queue est particulièrement touffue.

Il est en quelque sorte pris dans un *remake* de la saga du Loup et du Renard, telle qu'incarnée dans le *Roman de Renard.*

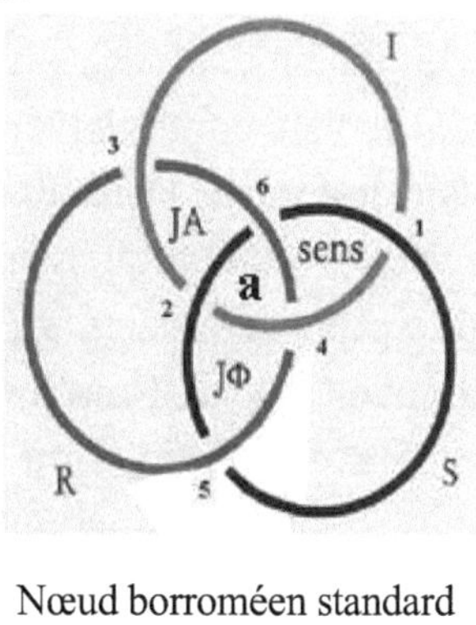

Nœud borroméen standard
à 3 ronds

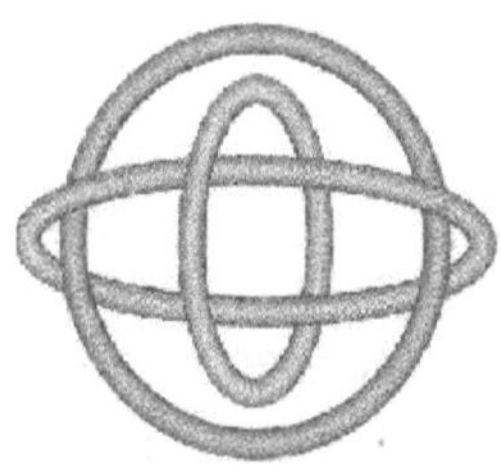

Nœud bô L23 p.36

Toutefois dans le souvenir de l'H&L, le loup dont parle son grand père (5ψ, p.353) est dépourvu de queue et « incite les autres à lui monter dessus », alors que celui du conte du Tzarévitch il en est de même, sauf qu'ici le loup a une queue bien fournie. Là, Freud subodore un maillon manquant quand il écrit (G.W., XII, p.69) :

> « *Hier fehlt uns ein Zusammenhang. Eine Assoziationsbrücke, die vom dem Inhalt der Urszene zu dem der Wolfgeschichte hinüberleitet* » (5ψ, p.353): « Ici manque une connexion, un pont associatif menant du contenu de la scène primitive à celui de l'histoire des loups ».

Faute de culture suffisante dans le domaine pictural russe Freud a loupé l'essentiel. Alors qu'il avait fait l'effort de lire Lermontov, (à propos du fleuve Tiérek) selon les incitations de son patient. Il reste que dans la reprise commentée du récit du rêve primordial, que Freud effectue en note (5ψ, p.354-55, note 1) il spécifie que les loups avaient des queues comme des renards, et qu'ils étaient rassemblés au pied de l'arbre, ce qui est pathognomonique du fait qu'il s'agit bien d'une référence au loup gris, tel que gravé au pied de l'arbre aux pommes d'or. Avec toute l'ambiguïté que comporte le dialecte autrichien, qui, au lieu de dire '*Tomaten*' comme en allemand, dit '*pomodoro*' comme les italiens.

Côté métonymie, le *Tzarévitch* choisit compulsivement l'objet valorisé, dès qu'il a le loisir de fourrer l'oiseau d'or dans une 'cage dorée', en négligeant systématiquement la 'cage en osier', qui est l'alternative proposée, parce qu'elle ne s'harmonise pas phalliquement avec l'or de l'oiseau. Le *Tronfolger* (le dauphin) est brouillé avec l'éthique du partage qui est celle des paysans slaves, sujets qui fonctionnent selon le principe d'économie et donc évitent les dépenses ostentatoires. Bref, le Loup Gris choisit apparemment d'inculquer à son élève les principes du socialisme et ce sans succès. Plus tard, en classe de latin, la peur du loup sera présente à nouveau chez l'H&L, à ceci près que le prof se nommait Wolf et qu'il était vénal (5ψ, p.352, note 1). Ça explique peut-être pourquoi l'H&L faisait des erreurs dans sa traduction latine. Jusqu'où ce prof de latin pouvait-il faire *Mischungsperson* (personnage composite ou trait unaire) avec le père de l'H&L ?

Bref, vers la fin du conte du *Tzarévitch*, le loup change de braquet et passe aux choses sérieuses. Ici se met en jeu la métaphore du Nom-du-Père. Le loup enjoint à l'H&L de brûler ses vaisseaux et de le tuer. Lui, le loup. Carrément. *Volens nolens* l'H&L s'exécute, et grâce à la mutation, dirais-je 'l'exaltation' du loup décapité en un merveilleux jeune homme (frère de la Princesse) et avec la révélation de l'imposture il décroche désormais le pompon[36]. Avec les félicitations du jury.

Autrement dit : de la communauté psychanalytique, soucieuse d'entériner la nouvelle technique psychanalytique. Celle qui visera désormais une métamorphose subjective, une 'conversion' dira Lacan. Au nom du père, le psychanalyste devra désormais déjouer les pièges du transfert en s'arrogeant le maniement de la castration. Sauf que ledit

[36] On trouve dans le *Rameau d'Or* (p.435), une séquence de ce genre, mais comme tournée à l'envers. Frazer évoque la fête des Saturnales telle que rapportée par Franz Cumont : « Jusqu'au commencement du IVème siècle /…/ les soldats romains établis sur le Danube célébraient les Saturnales d'une manière barbare /…/. Trente jours avant la fête, ils choisissaient parmi eux, par tirage au sort, un homme jeune et beau /…/. Alors il lui était permis de satisfaire toutes ses passions sans restriction aucune ; mais au bout du son court règne de trente jours il devait se couper la gorge sur l'autel du dieu qu'il personnifiait [Saturne].

psychanalyste a horreur de son acte (l'imposture ?). Faute d'oser l'assumer et « s'en servir », et en vertu du sacro-saint principe de précaution, qu'il s'applique d'abord à lui-même, il laisse son analysant mariner dans le plaisir et le stupre, au risque de se dé-plaire. Et donc jusqu'au jour où la vérité lui pète à la figure.

L'homme de désir, l'imposteur cher à Martinès de Pasqually, s'éloigne, et peut-être aussi Lao Tseu qui : juché sur son bœuf vert, s'évanouit au loin dans la brume du soir.

J'ai eu en analyse un partisan convaincu de l'hédonisme, et qui m'énumérait après-coup toutes les facéties par lesquelles il tentait jadis de retenir l'attention d'autrui, et rester 'visible', comme on s'exprime dans le show bise. Jusqu'au jour où il a assisté au décès d'un inconnu dans une salle d'hôpital et s'en est trouvé bouleversé, sans dessus dessous, au point de regretter d'être né. Car l'affection qui a emporté son patient était dans le registre du visible : il s'est mis brusquement à saigner de partout. Il est vrai qu'avec l'âge les fantasmes des fanfarons s'étiolent. Et parfois le sol se dérobe sous leurs pieds.

Fredaines

Bref, mon patient a quitté brusquement le domaine du semblant (sang blanc) pour se trouver face à la réalité du sang rouge. Ceci nous est l'occasion d'aborder la stylistique freudienne et les façons dont Lacan s'en débrouille. Le terme de fredaine ouvre tout un champ sémantique en français et l'on nous donne comme équivalents une jolie série de termes :

> « Aberration, bambochade, bêtise, caprice, débauche, débordement, dévergondage, disparate, écart, échappée, équipée, escapades, extravagance, faute, faux pas, folie, frasque, fugue, galanterie, impertinence, incartade, inconduite, incorrection, irrégularité, manquement, relâchement, toquade ».

Série que je placerai volontiers dans le champ des 'gestes déplacés'. Dans cette longue note où Freud reprend les données de la scène primitive, figure le terme de 'transformation en son contraire', dans un contexte où rêve et réalité se mêlent, au point qu'on pourrait se demander s'il ne s'agirait pas d'une litote, et d'un glissement pléonastique vers ce que Lacan nomme 'discours du semblant'. Que d'autres nomment « le comme si », Hegel le *Schein*, et les grecs l'*omoiosis*.

Or, dans son texte même (5ψ, p.356) Freud fait le constat que « la libido de l'enfant, de par cette scène, vola en éclat ».

Le texte allemand emploie l'expression '*Aufsplietterung des Libido*'. Ici Freud enchaîne en disant que : « la réactivation de cette scène /…/ a le même effet que si elle était un événement récent ». Il met ici 'réactivation' pour éviter le terme de 'remémoration', apportant ainsi une nuance tout à fait essentielle sur le plan noétique. Il s'agit d'une 'mise en acte' qui va de pair avec l'usage de l'expression : 'scène primitive'.

Revenons à la note, susmentionnée, afin de prendre connaissance de ce qui est en jeu dans cet éclatement de la libido. (On peut avoir ici en vue le schéma 'L' [E53] de Lacan où le sujet se positionne alternativement en a et a' avant de se confronter à l'Autre.). Lisons :

> « Les désirs ayant motivé ce rêve sont évidents ; aux souhaits le plus en surface des jours précédents /…/ s'adjoint le désir plus profond /…/ d'être satisfait sexuellement par le père, désir immédiatement remplacé [*ersetzt*, GW XI, p.71] par celui de revoir ce qui alors, avait été si fascinant. »

En réalité entre deux désirs manifestes il y en a un autre, un troisième que je qualifierais d'évanescent (tout comme l'est la seconde phase de la formation du fantasme selon Freud). C'est de l'ordre de ce qui est entrevu. Cette 'adjonction' est rendue en allemand par le verbe *gesellt*, qui nous renvoie à quelque compagnonnage, désigné en allemand sous le terme de *Geselltschaft*, qui à son tour suggère l'idée d'un emboîtement de pas, d'une 'mise en amble' aurait dit Jacques Lacan, puisque 'qui se ressemble s'amble'. Nous y voilà, pour ce qu'il en est de l'uniformisation requise par le 'discours du s'amblant'. Du coup, entrer dans une assemblée c'est déjà faire fonctionner 'la colle,' chose qui ne présage jamais rien de bon.

Ça nous éclaire sur la manière dont l'H&L se trouvera scotché, par la suite, à son épouse, sur le modèle de sa relation de jadis avec sa sœur. Celle-ci en est morte[37], tant il est vrai qu'on ne badine pas avec l'amour. Il reste à savoir ce que recouvre l'évanescent désir « d'être satisfait 'sexuellement' par le père ». C'est une attente légitime de la part de celui qui aura vu « la nudité de son père ». Serait-ce là un effet de la singularité d'un désir freudien ? Désir qu'un Augustin mettait *in initio* au compte de l'*invidia,* de la rivalité fraternelle. Quelle est la probabilité qu'un tel discours puisse trouver son point d'équilibre par la modalité d'une jonction/disjonction mettant en jeu l'aporie, voire l'oxymoron ? Le Tao de Lao Tseu serait-il notre horizon ultime ?

[37] Dans son duel avec la vérité Anna se serait suicidée à l'endroit même où Lermontov est mort en duel [MB-J, p.134]. La mort est l'effaceur par excellence des dualités.

La valse des objets dans le cas Dora

Plantons là l'Homme aux Loups et embrayons sur le cas Dora[38], autre fleuron de la clinique de Sigmund Freud.

C'est une observation paradigmatique de ce qu'il est convenu de nommer un cas d'Hystérie féminine. Au point que sur cette base nous devons à Jacques Lacan les fondements

---

[38] Rédigé sous le titre « Rêve et hystérie », puis publié sous celui de : « Fragment d'une analyse d'hystérie », ce texte existe dans les 5ψ, à partir de la page 1, sous la forme d'une traduction tirée du tome V des G.W., alors qu'il s'agit là déjà d'une reprise de l'original publié sous le nom de : « Bruckstück einer Hysterie-Analyse » dans le second volume des *Sammlung kleiner Schriften zur Neurosenlehre ;* volume publié chez Franz Deuticke (éditeur) en 1909, puis republié en 1912. Ayant en ma disposition le second volume (de cette seconde édition, ainsi que les deux autres tomes) j'ai pu m'assurer, du moins pour ce qu'il en est de l'Avant-propos, de la quasi l'identité des deux textes allemands. Il reste que, d'emblée, il apparait que les traducteurs se sont abstenus de rendre toute la vigueur du texte et la détermination de Freud. Lorsqu'il dit qu'il a *gewonnen* les résultats dont il fait usage après-coup, le verbe *extraire* utilisé dans la traduction ne rend guère les nuances toutes guerrières de lutte et de victoire acquise, que le verbe *'gewonnen'* véhicule. Autre exemple : quand la traduction dit : « je renonce d'avance à jamais *enlever* à de pareils 'critiques' leurs occasions de semonce », le verbe *enlever* est bien fade au regard de la violence de l'*entreißen* (arracher) qu'il est censé traduire. La réception de cette publication par le public français aurait-elle été monnayée au prix de ces litotes ?

d'un discours dit 'de l'hystérique'. Dora est douée d'une clairvoyance qu'elle doit dissimuler, et l'on dira qu'elle refoule tout un ensemble de choses. Sauf qu'à force de mentir, la vérité qui s'en déduit est d'autant plus éclatante. Car Dora procède à une critique féroce des mœurs, et je lui vois des accointances avec Virginia Woolf. Dont on sait qu'elle a été 'maltraitée' au cours de son enfance. Sauf que cette dernière portait le masque du Loup, (le 'loup' : accessoire essentiel de l'accoutrement en vogue dans des soirées mondaines) sous les auspices de son nom de famille (*Woolf*) et n'hésitait pas de claquer le bec à ses contradicteurs.

L'abord topologique de la structure du cas s'impose dès lors que Freud lui-même parle (5ψ, p.4) de la « *trame* des interprétations et des souvenirs » qui se rattachent au discours de sa patiente. En réalité, le terme « *gespinst* » (GW, V, p.166) évoque la structure d'une toile d'araignée et donc d'une nasse comportant un point de serrage. Métaphore du transfert de Dora. Au bout de trois mois elle a mis fin à la cure vu que son piège fonctionnait trop bien et que son analyste, Sigmund Freud s'y était englué. Il avoue d'ailleurs qu'il n'a pas vraiment eu le temps de se soucier du transfert dans ce bout d'observation.

Par rapport à ce qu'avait été la technique analytique, telle qu'instaurée avec les *Études sur l'Hystérie*, Freud expose ici les modifications qu'il apporte, et qu'il situe comme une *gründliche Umwälzung*, une façon de remettre les bœufs devant la charrue, chose que l'expression 'transformation fondamentale' qu'utilisent ses traducteurs, ne donne pas à entendre. Plutôt que d'analyser les symptômes dans l'ordre (*der Reihe nach*, GW, V, p.169) de leur apparition (E595) :

« Il commence par introduire le patient à un premier repérage de sa position dans le réel, dût-il, ce dernier entraîner une précipitation (ne reculons pas à dire une systématisation), des symptômes. »

Il s'agit désormais de considérer ces derniers comme des 'bouts de réel' (« *Dann erhalte ich aber was zu einer Symptomlösung zusammen gehört, zerstückelt, in verschiedene Zusammenthänge verflochen und aus weit auseinander liegende Zeiten verteilt* »), « morcelés, dispersés dans des ensembles disparates et dans des séquences temporelles desimbriquées[39] ». Ceci, une fois de plus, pour souligner ici : où Lacan trouvait son 'bien', et l'art de faire 'valser' (*Umwälzung*) les concepts freudiens.

Freud tente de justifier le choix qu'il a fait de publier cette cure éclair, et l'on a l'impression d'emblée que ce qu'il présente comme une « pette hystérie », eh bien il n'y croit pas. Et nous non plus évidemment, en dépit de toutes les reprises qui ont pu en être faites, par d'autres, et par la suite, tout au long du siècle qui nous sépare de la rédaction de cette observation dite : « Le cas Dora ».

On dira aujourd'hui que Dora présentait des manifestations évidentes d'une allergie à forme respiratoire, et c'est tout.

Le père de Dora, industriel important, souffrait de troubles neurologiques relevant d'un tabès, autrement dit d'une forme neurotrope de la syphilis, que Freud soigna avec les moyens de l'époque et avec, semble-t-il, quelque

---

[39] PE p.182 : « Ce bout de réel, il faut quand même tâcher de l'incarner. /.../ Ce que Freud ne dit pas, sauf comme ça, en oblique, par équivoque, c'est que les vrais de vrais, les vrais de pères, c'est ça le secret du prétendu meurtre, c'est qu'il faut les tuer pour ça, pour qu'ils lâchent le bout de réel. »

succès. C'est ce père qui envoie à Freud sa fille, d'abord pour une simple consultation, alors qu'elle n'avait que seize ans, et deux ans plus tard pour une cure. Il était évident que Dora ne supportait plus l'ambiance familiale et qu'elle avait écrit un brouillon de lettre annonçant son suicide. Ce qui motive cette 'cure' est donc apparemment d'une banalité sans nom, à quoi vont s'agréger des considérations liées au fait qu'elle découvre sa propre sexualité, puis celle d'un couple d'amis de ses parents.

A ce sujet je dois me questionner sur ma propre objectivité dans la mesure que je me suis rendu compte, après-coup, que j'avais mal lu cette observation. Initialement j'avais écrit : « Mme K trouve Dora a*dora*ble et lui fait des cadeaux ».

Alors que c'est à Mr K que Freud attribue cette tentative de séduction. En toute logique c'est donc à Mr K que j'ai attribué la phrase « Ma femme n'est rien pour moi », alors qu'en réalité c'est le père de Dora qui la profère en premier en cette occasion (5ψ, p.16 ; G.W., V, p.184). Deux bourdes mises bout à bout c'est trop. Toutefois, dans la suite de cette observation, la même phrase se retrouve dans la bouche de Mr K, phrase prononcée par lui alors qu'il vient de recevoir une gifle de la part de Dora (5ψ, p.73 ; G.W., V, p.271). Dès lors il convient de considérer à quel point le père de Dora et Mr K. sont interchangeables.

Surtout que les méfaits imputés à l'un sont en fait attribuables à l'autre. Ce que Freud tente de dissimuler autant que possible. Sauf que la seconde édition de la phrase fatale s'accompagne d'une note (note 2), elle fort explicite : « Ces paroles vont nous fournir la solution de l'énigme » (*Diese Wörte werden zur Lösung unserer Rätsel führen*).

Incontestablement cette observation donne matière à fabriquer des nœuds. Des vrais et des faux. Il est vraisemblable que Mr K ait questionné maladroitement Dora sur ses 'petits amis', et qu'en retour elle ait été en droit de se plaindre auprès de son père de ce que Mr K aurait eu l'intention de la sauter. Dora ment-elle ? Car dans son entourage tout le monde ment. Est-ce là un des critères[40] qui autoriseraient Freud à parler d'hystérie ? Mentionnant un évanouissement qu'aurait eu Dora en présence de son père (en n'oublions pas qu'à cette époque s'évanouir pour une femme vaut affirmation de son statut de femme, et donc de 'sexe faible').

Freud (qui était lui-même coutumier de cette sorte d'évanaissance) ajoute en note :

> « Je crois que lors de cette crise on put aussi observer des convulsions et un état délirant. Mais l'analyse n'ayant pas pénétré jusqu'à cet événement, je ne sais rien de certain là-dessus ».

Ce manque de preuves c'est bien embêtant. D'autant que Freud écarte de son propre arsenal théorique les « états hypnoïdes », mécanismes qu'il impute à Joseph Breuer tout seul.

Mais du coup il écarte l'éventualité que Dora ait pu être suggestionnée en un sens ou un autre.

En dépit de ses doutes quant au diagnostic d'hystérie à appliquer à ce cas, Freud persiste à plaider dans ce sens, et malgré l'absence de confirmation de ses propres critères exigibles à cette fin, et tente d'étayer sa 'théorie du traumatisme' en évoquant une scène qui se serait produite alors

[40] Critères qu'il énonce comme suit (G.W., V, p.182) ; « le traumatisme psychique, le conflit des affects, et /…/ l'atteinte de la sphère sexuelle » (5ψ, p.15).

que Dora avait 14 ans. S'étant trouvée seule à seule avec Mr K dans son magasin (allez savoir pourquoi ?), il lui aurait roulé une pelle (G.W., V, p.186) tout en la serrant dans ses bras. Chose que Dora tente d'argumenter en disant que : primo, elle avait ressenti un profond dégoût (c'est moral) d'autant qu'elle aurait remarqué aussi la présence du sexe érigé de Monsieur K ; du moins est-ce ainsi que Freud extrapole la situation d'après un autre cas : observation qu'il résume dans une autre note (5ψ, p.19, n.2); secundo : elle aurait gardé, suite à cette étreinte, le sentiment d'étouffement[41], étouffement auquel -pour ma part- je persiste à pointer une étiologie allergique, alors que, loin de considérer les propos de Dora comme « délirants », Freud pense que ça vient étayer sa théorie de la genèse traumatique de l'hystérie. Bien sûr, il se fie à son expérience et il rapporte en note (G.W., V, p.182-3, n.1) un cas analogue.

Logique avec lui-même, Freud pose carrément à Dora la question de savoir si elle avait « quelque notion des indices corporels de l'excitation chez l'homme » ; à quoi elle répond qu'elle en savait quelque chose dans l'actuel mais que ce n'était pas le cas à l'époque (c'est vraisemblable mais faux).

Il reste que Freud fait des suppositions et qu'il ose des questions ; questions qu'après coup il trouve inconvenantes et s'en excuse platement dans l'avant-propos du cas,

[41] Ce qui l'étouffe c'est la vérité ; à savoir qu'elle a failli 'tromper' son père avec Mr K. De surcroît, elle accusera son père (devant lequel pourtant elle défaille), de l'avoir poussée dans les bras de Mr K. Situation sulfureuse que Freud a choisi de présenter à demi-mots, mais avec l'intention évidente de soulager sa conscience et surtout de laisser à sa postérité scientifique de quoi méditer sur l'éthique de son époque.

s'abritant derrière le prétexte de devoir poser un diagnostic scientifiquement étayé.

Il y a chez lui ce côté 'marieur' (l'avait-il hérité de quelque grand-mère ?), qui lui fait mentionner le fait que Mr K. était loin d'être dégoûtant (G.W., V, p.187, note 2).

Côté psychanalyste, Freud voit qu'entre le père de Dora et Mr K. il y a matière à manigance, voire de 'pacte' (5ψ, p.23), le père offrant sa fille à Mr K. en échange, à titre de lot de consolation (*Tauschobjekt*), afin que ce dernier ferme les yeux sur son attachement manifeste vis-à-vis de Mme K. (et sur quelques autres crimes qu'il aimerait lui faire endosser). Partant, Freud prête à la 'clairvoyance' de Dora la même lecture de la situation, vu qu'elle évitait d'être chez les K. alors que son père y séjournait. Mais pas pour les mêmes raisons ; raisons que Freud tente de nous faire gober. Par ailleurs, il ne nous dit pas par quel biais il a su qu'un sixième personnage était inclus dans ce méli-mélo, en la personne de la gouvernante. Elle avait des griefs envers Mme K, et Dora, lasse de l'entendre, a hâté son renvoi. Et Freud d'avouer :

> « J'ai cru pendant un certain temps que c'est à cette femme que Dora devait toutes ses connaissance secrètes [relatives à la sexualité] et peut-être ne me trompais-je pas entièrement sur ce point. [(G.W. V, p.195, note 1) « */…/ in diesem Mädchen suchte ich eine Zeitlange die Quelle für all die geheime Kenntnis Doras, und ich ging vielleicht nicht völlig irre.*]»

Le terme '*Mädchen*' (ici 'jeune fille', en lieu et place de 'femme', dans la traduction) a ici tout son poids parce qu'il semble bien que la gouvernante était amoureuse du père de Dora, ce qui nous donne à penser que ce dernier ratissait large.

Ici je ne résiste pas au plaisir de pouvoir donner une leçon d'interprétation à Freud. Car lorsqu'on écrit quelque chose il y a lieu de se relire et de s'interroger : pourquoi a-t-on usé de tel terme plutôt que d'un autre ? Évidemment, il savait parfaitement : « qu'on dise reste oublié dans ce qui se dit derrière ce qu'on entend », lui qui insistait sur le *Wortlaut*, sur la dimension sonore des mots employées, et pour cause. C'est le cas quand il écrit : *Wenn sie in erbitterter Stimmung war* /…/, qu'on aurait pu traduire par : « Lorsqu'elle était d'humeur effroyable /…/ », plutôt que le : « Lorsqu'elle était exaspérée », (tel qu'il figure dans les 5ψ, p.23).

Ce qu'il faut entendre c'est que dans *Stimmung* il y a *Stimme* = la voix. Il s'ensuit que le symptôme, 'l'aphonie' de Dora, devrait se muer en son contraire et donc valoir comme une 'vocifération' exaspérée. Ailleurs (G.W., V, p.199) il note que ce qui échappe à la vocalisation vient s'exprimer par le biais de l'écrit. Ce que Lacan résume quand il suggère que 'ce qui ne peut se dire', s'écrit, ou se gesticule.

Fermons la parenthèse. Mais Freud avait tout de même le droit d'avoir ses propres échappées, ses moments d'inattention, allant jusqu'à oublier ses propres principes.

A un certain moment Dora se soucie du *Vermögen* de son père, et donc de son entregent (tant sur le plan financier que sur celui de ses capacités sexuelles), mais on sait qu'il avait les moyens de soutenir financièrement Mme K. Bref, il lui faisait des cadeaux (G.W., V, p.192). C'est du moins ce qu'on pouvait supposer vu l'énormité des dépenses (*Ausgaben*) que Mme K engageait, sous prétexte de se soigner. La vraie hystérique c'était bien elle, puisque du jour au lendemain elle était à l'article de la mort puis …'ressuscitait'.

Toutes choses qui conduisent Freud à faire le pas théorique que voici. Ça consiste en une sorte de relation d'équivalence. Puisque Dora a envers les enfants de Mr et Mme K la même attitude que celle de sa gouvernante envers elle-même, et que, dès lors que la '*Mädchen*' aime le père de Dora : il s'en suit logiquement (par substitution de 'Dora' à '*Mädchen*') que -de même- Dora aime Mr K. Lacan nommera ça : la métaphore paternelle. A bon entendeur salut.

C'est l'amour du père (le 'du' est ici à prendre aux deux sens : du génitif et de l'accusatif) qui engendre la signification de toute autre relation d'amour.

Sauf que tout nous laisse augurer qu'ici 'amour' vire du symbolique au réel. Freud communique ce résultat à Dora et c'est le clash. Il a été trop vite et trop fort. Car le destin du *Mädchen* étant, en l'occurrence, celui d'un objet qu'on congédie, qu'on rejette (Lacan dira : celui d'un objet 'a'), Dora n'est pas prête à partager son sort. C'est là que ça coince. Car elle a sur la patate le fait qu'elle se sent exploitée dans la configuration, dans la conjoncture intersubjective dont elle est prisonnière, et, s'il convient de ré-évoquer sa 'perspicacité (*die scharfsichtige* Dora) c'est pour mieux nous leurrer, car la 'connaissance', faute d'être infuse, elle y a déjà goûté de la bonne façon. Freud tire pourtant argument du refus de Dora d'accepter son interprétation comme une confirmation de ses thèses, sur un mode de défense du genre : 'Tu dis que je suis une menteuse, tu en es un autre'. En somme : Freud l'infantilise.

Il a tort. Sur toute la ligne. Il se goure de guignol. Ce n'est pas Mr K que Dora aime. C'est Mme K., du moins Lacan l'affirme. Mais ça demande argumentation. Une phrase semble suffire (5ψ, p.26) :

> « Dora comprit que la présence du mari avait une action morbifique sur sa femme, et que pour celle-ci la maladie était la bienvenue parce qu'elle lui permettait de se soustraire aux *odieux devoir conjugaux* (G.W., V, p.198 : /…/ *den verhaßten ehelichen Pflichten*)».

Solidarité féminine oblige, Dora est donc aux côtés de Mme K, et fait face aux mâles, tous des salauds ! Est-ce dire nécessairement qu'elles couchent ensemble ? Car l'option Mme K. recouvre évidemment, et peut-être bien exclusivement, tous les reproches que Dora adresse à son père. Il se trouve qu'à propos des relations de Dora à Mme K Freud sera amené à changer plusieurs fois son fusil d'épaule. A ce témoignage de solidarité féminine Freud épingle, à titre de colophon, la mention d'un lien homosexuel probable entre femmes : d'abord en (5ψ, p.43) puis, de façon argumentée en (5ψ, p.44) :

> « J'appris alors que la jeune femme et Dora, alors à peine nubile, avaient vécu pendant de longue années dans la plus grande intimité. Lorsque Dora habitait chez les K… elle partageait la chambre de Mme K ; le mari était délogé. »

Il n'y a point de doute, Freud avait bien pensé : homosexualité. Or, Lacan lui impute une méconnaissance crasse sur ce point. La preuve : « Dora parlait de Mme K, elle faisait l'éloge de la blancheur ravissante de son corps, etc. etc. » (5ψ, p.44). Cependant, suite à cette période faste, les relations entre les deux femmes vont se trouver modifiées lorsque Dora se serait aperçue que Mme K l'avait doublement trahie (5ψ, p.45). Mais là n'anticipons pas.

Et Freud de nous sortir par derrière les fagots un mal de ventre (*Magenschmerzen*, G.W., V, p.197), dont se plaignait Dora, et nous promet de nous en parler plus loin (il s'agirait d'un fantasme de grossesse. Mais qui serait alors le père ?). De la part de Freud *c'est* pas malin. Quiconque a vécu en l'Europe de l'Est (au temps de Freud ça commençait à Vienne et ça va aujourd'hui vers l'est, bien au-delà du Bosphore) sait que la plus banale façon qu'a une femme de tenter de se soustraire à la nécessité de répondre à quelque sollicitation qui lui déplait, c'est de déclarer qu'elle a 'mal au ventre'. C'est paradigmatique. C'était encore vrai dans les années cinquante en France et, lorsqu'elles arrivaient à l'hôpital, ces dames héritaient systématiquement du sobriquet de : 'totoche'. Juste retour des choses, c'est Dora qui viendra faire reproche à son père de 'simuler' (G.W., V, p.201).

Ici Freud fait avancer sa théorisation des rapports entre le psychique et le somatique en disant que les processus psychiques viennent épargner au soma certains troubles, et parmi ces procédés il cite la phobie ou les idées compulsionnelles. Tout ça avant d'en venir au premier rêve de Dora (5ψ, p.46).

Premier rêve de Dora

« Il y a un incendie dans la maison me raconte Dora, mon père est debout devant mon lit et me réveille ; je m'habille vite ; maman veut encore sauver sa boîte à bijoux [*Schmuckkästchen*][42], mais papa dit : "Je ne veux pas que mes deux enfants et moi soyons carbonisés à cause de ta boîte à bijoux". Nous descendons en hâte, et aussitôt dehors, je me réveille ».

Lacan a fait un sort à cette hâte de l'hystérique vers la sortie, mais ceux qui s'y intéressent iront voir ailleurs ce qu'il en dit. Il s'agit d'un rêve à répétition, et Dora : « se souvint d'avoir fait ce rêve à L… ». Par conséquent, toute l'interprétation initiale du rêve va tourner autour des événements qui ont eu lieu à L, et donc au bord d'un lac (5ψ, p.16 ; G.W., V, p.184, Lac de Garde en Suisse) où Mr K lui aurait fait des 'propositions'.

[42] *Schmuckkästchen* est un terme où je remarque la succession de deux K ; ça n'a pas pu échapper à Freud, du moins à son inconscient, et dans ce cas ce K redoublé aurait-il été de nature à influencer ses futures interprétations, qui comme on le sait sont centrées sur le couple : Mr & Mme K ? Quant à Dora : faut-il en conclure qu'elle portait ce couple dans son cœur ? Surtout quand on sait la proximité sonore entre *Schmutz* et *Schmuck*. Tz et ck seraient-ils interchangeable en général dans ses propos ? Notons qu'un tel redoublement de lettre se retrouve dans Berggasse, la demeure de Freud. Aurions-nous affaire à des anaphores *a minima* ?

Elle n'a pas cafté mais on s'est aperçu qu'elle s'était hâtée de quitter les lieux, en compagnie de son père. Par la suite Mr K déclare que Dora aurait menti et que son esprit aurait été troublé par ses lectures d'un livre scabreux de Mantezza. Sauf que seule Mme K avait été dans la confidence de ce genre de lecture et donc elle l'avait trahi, elle Dora, puisque Mr K, lui aussi, était désormais au courant.

Par ailleurs, la mère de Dora aurait aimé que la boîte de Pandore reste fermée et donc s'opposait (dans le rêve) à ce que la porte de la salle à manger, qui conduisait à la chambre du frère de Dora, reste ouverte. A supposer que ce frère compte pour du beurre dans le rêve, ce propos, ce relevé topographique, augure non pas d'une invitation à 'y passer' mais du constat d'une habitude. Et Freud de poser la seule question qui vaille : « Quel rôle joue là votre mère ? » Or, il sait mais ne sait pas qu'il sait, puisqu'il dit : « Vous étiez prête à donner à votre père ce que votre mère lui refusait » (5ψ, p.51); (G.W., V, p.232) : « *Sie waren bereit, dem papa zu geben, was die Mama ihm verweigert* ». J'ai aussi quelques soupçons quant au rôle qu'a joué dans tout ça le frère en question, mais passons (souvenons-nous du 'cas' de Virginia Woolf, etc).

Bref, dans ses associations suite à son rêve, Dora revient sur l'épisode du lac, et dit qu'après la ballade, elle s'était endormie dans un fauteuil et, s'étant éveillée brusquement (*plötzlich* : G.W., V, p.228) elle voit Mr K devant elle.

Et Freud d'ajouter quelque chose du genre : 'Tout comme ton père se tenait près de ton lit dans le rêve ?'. Cette remarque est déjà une réponse, et fait effet d'un coup de hachoir asséné dans les défenses Dora. Ce n'est pas un cadeau. C'est une interprétation. Là nous tenons la clé de l'énigme : le séducteur c'est le père[43]. Sauf que le souvenir effacé, forclos, lettre détournée qui aurait pu révéler l'enjeu de ce drame, à savoir : la maltraitance de Dora par son père et l'attentat contre sa virginité qu'il a commis, ne sauraient être réactivés que par le caractère quasi hallucinatoire de cette vision ; vision de Mr K tel que planté devant elle. Vision qui est la cause d'un brusque réveil tout comme dans le cas du rêve inaugural de l'Homme aux Loups. C'est d'ailleurs Freud qui dit (en note) : « Il ne peut être indifférent qu'une femme soit 'ouverte' ou 'fermée' ».

Évidemment, ça nous plonge dans une sorte de roman à clefs, clefs qu'à son tour et par procuration, Mr K. est censé manipuler.

Pas étonnant qu'en l'occasion Freud ait eu horreur de son acte interprétatif. Ce qu'il ne manifeste en rien. Sans sourciller il continue de développer le fruit de ses trouvailles et ses arguments, à savoir que : d'un incendie, on peut passer à son contraire' : le pipi au lit, etc. Il pense que le noyau du rêve est un monument élevé à la gloire du père (cf.5ψ, p.53, note 2). Manque de pot, c'est tout le contraire : il s'agit d'un réquisitoire gravissime contre le père.

Il semble que Dora en ait tiré une tactique inconsciente. En effet, après-coup, elle note qu'elle n'a pas pu se résoudre à féliciter le frère de son père le jour de son anniver-

---

[43]Il est une séquence du rêve que Freud laisse tomber alors qu'elle produit, comme on peut l'observer dans les films porno, un 'effet de réel' : en effet le : 'Je m'habille vite' [GW., V, p.225 : *« Ich kleide mich schnell an »*]. indique qu'il y aurait eu un risque d'être observé par un témoin gênant ; serait-ce par la mère ? Bref, elle s'est hâtée de quitter les lieux, en compagnie de son père. (Pardon si, pour venir à ces conclusions je me suis permis de bousculer les 'lieux' afin de construire la 'scène de crime'.).

saire et elle s'en étonne (G.W., V, p.219). Il reste que ce qui est forclos se manifeste par un manque, par un chainon manquant qui, dans le cas présent, se traduit par une discordance dans son comportement, ce qu'elle ne peut que constater.

Chemin faisant, Freud note l'équivocité de l'expression : « On peut avoir besoin de sortir la nuit », dict qui a un certain sens quand on évoque l'éventualité d'un incendie, mais un tout autre sens quand il s'agit du 'besoin de pisser'. Dans la bouche de Dora ça traduit une indécision quant à l'usage de terme de 'besoin' : au sens figuré, ou bien au sens propre. Ça surprend chez une 'supposée' hystérique.

Second rêve de Dora

Faisons à présent un grand saut dans cette observation pour aborder le second rêve de Dora dont Freud nous dit qu'il intervient quelques semaines après le premier, et que son élucidation « coïncida avec la fin de l'analyse ». Dora raconte (5ψ, p.69 ; G.W., V, p.256) :

> « Je me promène dans une ville que je ne connais pas, je vois des rues et des places qui me sont étrangères (1). J'entre dans une maison où j'habite, je vais dans ma chambre et j'y trouve une lettre de maman ».

En note, Freud ajoute : « Sur une des places je vois un monument ».

Anticipant sur ce que Freud en pense et aussi sur la suite de ce récit, nous sommes en droit de supposer que Dora est en train d'explorer un corps dont elle souligne l'étrangeté, et la note (1), dont Freud nous gratifie chemin faisant, indique la présence d'une éminence d'ordre phallique, marquée en quelque sorte du sceau de sa mère.

Voici la suite :

> « Elle [sa mère] écrit que comme j'étais sortie à l'insu de mes parents, elle n'avait pas voulu m'informer que papa était tombé malade. Maintenant il est mort, et si tu veux ?, tu peux venir »

Ce qui est ainsi écrit de la plume de sa maman, est écrit précisément parce que c'est de l'ordre de 'ce qui ne peut se dire'. C'est pour ça que ça s'écrit. C'est un secret. Voire une énigme. C'est du registre de ce qui est -non pas seulement refoulé- mais carrément : forclos.

Dans les dessins d'enfant, ce qui est du même ordre vient parasiter le discours en images qu'est le dessin, sous la forme d'une adjonction-intrusion de lettres, voire parfois de chiffres. C'est aussi le rôle que joue la triméthylamine dans le « Rêve de l'injection faite à Irma ».

Bref, non seulement le père est mort 'selon son vœu', ainsi qu'insistera Lacan à propos d'un autre cas, mais, de surcroît, le père « ne savait pas qu'il était mort » puisque l'information est placée sous le signe de « l'insu » des parents. Sauf que mon 'selon' ne précise pas s'il s'agit du vœu de Dora ou de celui de sa maman. Freud note qu'après le « si tu veux » figure un point d'interrogation (?). J'ose formuler, pour ma part, une autre question instante : s'agit-il là du 'crochet (?)' auquel le cadavre du père mériterait d'être pendu ?

Poursuivons :

> « Je vais donc à la gare et je demande cent-fois où est la gare ? On me répond invariablement : cinq minutes. J'aperçois alors une forêt épaisse, dans laquelle je pénètre et je questionne un homme que j'y rencontre. Il me dit : encore deux-heures et demie. Il me propose de m'accompagner. Je refuse et m'en vais toute seule. Je vois la gare devant moi et je ne puis l'atteindre. »

Évidemment, cette partie du rêve se présente comme parasitée par des incohérences. La rêveuse traverse une épaisse toison et rencontre un homme. Ça me rappelle l'histoire d'un qui s'était perdu dans le vagin où il cherchait : non pas tout-à-fait la gare mais ce qu'il avait é-garé, à savoir sa bague ; et puis il rencontre un homme qui, lui, surenchérit et dit : 'moi je cherche mon cheval'. Dans le rêve les 'cinq minutes' sont multipliées par 30 : (2h30=150'). Il s'agit bien d'une surenchère. Quel en est l'enjeu ?

Lacan insistait sur le fait que l'objet est par essence perdu, et que, plus l'obsessionnel s'en approche, plus l'objet s'éloigne. Cette impossibilité c'est exactement ce que Dora confirme puisqu'elle dit :

> « Ceci est accompagné du sentiment d'angoisse que l'on a dans le rêve où on ne peut avancer. Je vois la gare devant moi et je ne puis l'atteindre. Ensuite, je suis à la maison, entre temps j'ai dû aller en voiture, mais je n'en sais rien. J'entre dans la loge du concierge et je le questionne au sujet de notre appartement. La femme de chambre m'ouvre et répond : maman et les autres sont déjà au cimetière. »

Passant par-dessus les commentaires de Freud, je persiste et signe : les vaticinations de la rêveuse dans son rêve, son inhibition motrice, traduisent la difficulté que l'on rencontre quand on est sur le point de réaliser son vœu le plus cher, à savoir : envoyer tout le monde au cimetière. Une note de Freud précise ce que par la suite Dora lui aurait confié :

> « /…/ qu'elle se voit de façon particulièrement distincte monter l'escalier /…/. 'Et après la réponse, je vais dans ma chambre, mais je ne me sens pas triste du tout et je lis un gros livre qui se trouve sur mon bureau' ».

Qu'en dit Freud, de tout ça ? Ces histoires d'escalier et de manque d'à-propos : il en avait déjà largement parlé dans sa *Traumdeutung*. Par divers détours il aboutit aux mêmes conclusions que moi. En effet, j'avais rédigé mes propres interrogations avant de relire sa suite du texte de

Freud. Ce dernier fait mine d'interroger Dora sur son rêve, alors que par une lecture symbolisante de son texte on arrive à décrypter la manœuvre de Dora, la fine mouche, qui s'emploie dans son rêve à proposer à Freud ce qu'il aurait aimé entendre. Elle lui dit en substance : 'Ce rêve est le fruit de mes lectures des dictionnaires (de ma mère) sur la sexualité humaine : l'anatomie, la procréation, la grossesse, etc., tout y est. J'y ai mis aussi le *Bahnhof*, (où *Hof* renvoie au vestibule vaginal), puis, il y a la forêt (où se cachent les nymphes, entendez les petites lèvres); il tombe sous le sens que la gare est l'enceinte où ont lieu les 'mouvements'[44] (*Verkehr*, alors qu'en allemand ce terme équivoque avec 'accouplement'). J'ai opté de me trouver à la galerie à Dresde *seule avec* (*ging alein*) la Madone, deux heures durant.'

En note, Freud nous éclaire sur la mise en perspective d'une certaine image dans le rêve (G.W., V, p.73, note 3) :

> « Ici, pour la troisième fois : tableau (*Bild*), vues de villes, galerie à Dresde) mais dans un contexte bien plus significatif (*…aber in weit bedeutsamerer Verknüpfung*). Par ce qu'on voit dans ce tableau il devient lui-même l'image d'une femme (*Weibsbild*) (Forêt, nymphes). »

A cet endroit[45] encore, ce que la traduction rate c'est la portée hautement métaphorique du terme *Verknüpfung*, qui pointe le fait que la *Weibsbild*, l'image de la femme, est nouée, grâce à un point de capiton, sertie comme dans un

---

[44] 'Mouvements' est le terme technique, qui, à la SNCF, désigne les éléments constitutifs du trafic.

[45] C'est tout à fait le cas de l'image que j'ai mise en exergue à ce travail : 'Le Tzarévitch au loup gris' ; c'est une véritable icône, un objet de culte.

écrin, et ce dans un dispositif analogue à celui du 'tabernacle' selon Martinès de Pasqually.

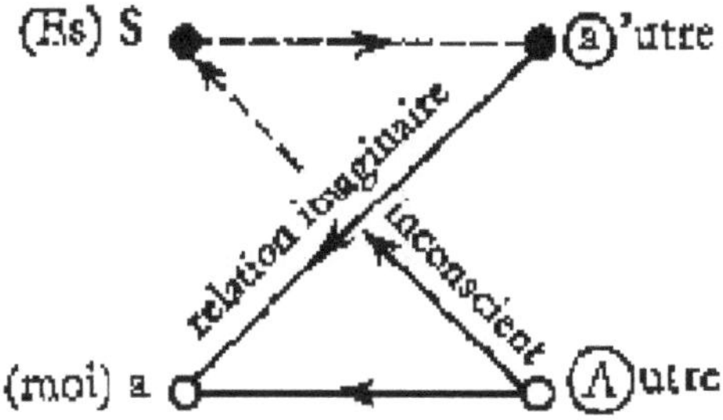

Schéma L, E53

Ici, dans le schéma L (E53), la *Weibsbild,* l'image de la femme, nommée i(a) selon Lacan, fait fonction d'objet petit 'a'. Ce que la petite phrase « Ma femme n'est rien pour moi » (figurant à la même page) vient corroborer.

Ce graphe traduit bien la dualité qui, dans l'imaginaire, oppose et réunit : d'une part : la femme comme partenaire et figure de l'altérité, et d'autre part : la femme comme idéal[46].

Donc, nous avons d'un côté l'image de la femme, dont on ne sait toujours pas ce qu'elle est vraiment pour Dora,

---

[46] E752 : « Faut-il, pour éveiller leur attention, leur montrer le maniement d'un masque qui ne démasque la figure qu'il représente qu'à se dédoubler et qui ne la représente qu'à la remasquer ? Leur expliquer de là que c'est quand il est fermé qu'il la compose et quand il est ouvert qu'il la dédouble. /.../ *L'idéal du moi* de Freud, se peint sur ce masque complexe et il se forme, avec le refoulement d'un désir du sujet, par l'adoption inconsciente de l'image même de l'Autre qui, de ce désir a la jouissance, avec le droit et les moyens. » E752 : « /.../ La parole du père humanise le désir ».

par-delà le semblant et de la mascarade, et de l'autre : ce qui fonctionne pour elle comme inhibition majeure, pour ne pas aller jusqu'à ressusciter à son profit l'idée d'une phobie inaugurale. De fait, l'inhibition qui saute aux yeux, c'est celle qui s'empare du présomptueux (en l'occurrence : Sigmund Freud) qui s'approche de trop près de l'objet sacralisé, idôlifié de l'inceste. Et le graphe reproduit dans *Ornicar ?* n°2, p.99, objective le champ où l'image se produit, entre le Symbolique et l'Imaginaire. Car, à ce niveau : ça brûle, au même titre que la foudre ou d'autres punitions célestes. Ma présentation du cas Dora[47] se révèle être ici en contrepoint de celle de Lacan (cf. *Écrits*, « Intervention sur le transfert », pp.215-226), dans la mesure où les retournements dialectiques qui se laissent lire dans cette observation, et qu'il monte en neige, dissimulent une vérité qu'il est impossible de révéler.

Vu que l'identification de Dora au combat de son père, sur quoi bute le parcours balisé par Lacan, n'a pas pour finalité de rivaliser avec son père auprès de Mme K, ni de magnifier « la blancheur ravissante de son corps » (E220). Dora souhaite garder pour elle seule son père, et en dépit de ses défaillances : en faire sa cause et rester « seule avec son père ».

La mère, on s'en débarrasse selon l'adage : 'Qui va à la chasse …perd sa place !'

Passe encore que Mme K ait pu être pour elle un : 'modèle de féminité' et une étape vers 'l'assomption de son corps', mais en aucun cas elle ne voudrait partager avec elle son père. Pourquoi Lacan erre-t-il ? Et pourtant, il avait

[47] Ma présentation est bâclée au regard de l'ampleur que ce Freud a pu lui consacrer.

noté fort justement : « la jalousie soudainement manifestée par Dora envers la relation amoureuse de son père » (E220), sans que la suite de son discours parvienne à l'expliquer. « Je n'explique rien », disait-il, parfois. Sauf que les faits sont têtus. Dora n'est pas vraiment une hystérique. L'esquif de Lacan vogue sur le bras d'eau qui relie l'océan de l'hystérie au lagon de l'homosexualité, et autorise qu'on mette l'accent sur cette dernière pour accréditer la thèse de Freud : à savoir que Dora serait une hystérique. La « matrice imaginaire » que Lacan prête à Dora (E221), afin de légitimer la théorie freudienne de l'automatisme de répétition, se heurte à l'évidence que Dora était imprévisible.

De nos jours il existe un statut juridique de l'inceste mais on ne peut que constater le déficit de son statut social. Il s'exhibe rarement comme tel, sauf peut-être dans le cabinet du psychanalyste, comme un *must* qu'affichent, non pas des femmes de « haute putasserie », mais généralement des universitaires de haut rang, alors qu'il s'agit d'un phénomène qu'on observe bien plus souvent dans des milieux dits défavorisés ; où l'on est sidéré de voir telle jeune fille abreuver son père de lettres enflammées en attendant qu'il sorte de prison pour pouvoir l'épouser.

Enfin, y a-t-il une jouissance spécifique liée au fait de commettre l'inceste ? On est toujours limités par l'incertitude quant au fait que l'homme qualifié de père soit réellement le géniteur de l'enfant pris dans ce lien incestueux.

L'inceste par excellence c'est l'inceste mère-fils[48]. Et puis, si l'on en vient à dresser des statistiques, comment classer les incestes entre individus du même sexe ?

Bref, de quoi Dora jouit-elle ?

Lacan reproche à Freud son côté marieur, voire son naturalisme (« Comme le fil est pour l'aiguille, la fille est pour le garçon », [E223]). Mais Freud savait très bien que l'homosexualité ça ne s'attrape pas comme la rougeole, et qu'elle n'aurait pas le même sens dans un univers octopodal. Je ne pense pas qu'il ait pu se dire à aucun moment : « Ah si j'étais né calamar ! » Freud nous a bernés c'est tout ; sachant que nos préjugés nous collent à la peau comme pou de bois sous une aisselle, il est clair que s'il avait tout révélé de ce qu'il savait son auditoire en eut été médusé. Libre à Lacan de pérorer (E226) : « Il n'y a de progrès pour un sujet que par l'intégration où il parvient de sa position dans l'universel ». Ici il prône en faveur de la particularité selon Aristote. Sauf que pour lui l'intégrale des

---

[48] Nous devons à un psychanalyste-sociologue, Jean-Pierre Lebrun, un essai sur l'inceste mère-fils, sous le titre : *Les couleurs de l'inceste* ([LCL] chez Denoël, 2013), travail sous-tendu par les multiples publications de l'auteur, travaux qui tournent autour de la question de la nouvelle politique du sexe. En tête de son premier chapitre Lebrun écrit : « La thèse que nous soutiendrons ici ? Nous sommes emportés par une profonde transformation du vivre ensemble : passage de la pyramide au réseau, fin du théologico-politique, déclin du Nom-du-Père, effondrement du patriarcat, délégitimisation de l'autorité, espoir d'égalité sans limite, tout cela se conjuguant avec un développement sans frein du logiciel libéral…Et à y regarder de plus près /…/ tous ces phénomènes convergent pour aller tacitement à l'encontre des exigences de l'humanisation /…/ ». Suite à ce constat, il dénonce la désubjectivation qui résulte d'un refus de souscrire au « renoncement à la satisfaction pulsionnelle immédiate » requis par l'éthique.

intégrales, l'universel, l'absolu : c'est Dieu le Père. S'il y a confusion des langues entre psychanalystes, ça tient essentiellement à la force des résistances qui se manifestent contre les acquis de la psychanalyse et le type de censure qui s'y oppose.

Il n'est pas indifférent de pointer la sorte de caviardage qui se produit à la page 224 des *Écrits*[49], (édition de 1966, au Seuil), chose somme toute assez rare et dont voici le relevé :

> « Et déjà son exploit avait sa récompense : une gifle mt-re, ajeucelle à même, dont Dora ressentira bien après le traitement le contrecoup brûlant en une névralgie transitoire, vient signifier au maladroit : « Si elle n'est rien pour vous, qu'êtes-vous donc pour moi ? »

S'agit-il d'une transcription d'un document sonore, chose qui favoriserait le passage probable d'un : « celle-là même » à : « celle à-même »; mais ce qui précède reste inintelligible parce que trop morcelé. Pourquoi pas : « une gifle méritée analogue à celle… (etc)[50]. Or, en fait de gifle

---

[49] La seule qui soit 'à-même' de témoigner au procès que j'intente au père de Dora, c'est bien la mère, qui, comme Jocaste dans la légende d'Œdipe, est la seule à savoir. Elle révèlera tout quand Dora le lui demandera.
L14, 24/5/67, LEF5, p.80 : « Œdipe ne savait pas de quoi il jouissait. J'ai posé la dernière fois la question de savoir si Jocaste, elle le savait, et si même une bonne part de sa jouissance ne réside pas en ce qu'elle laisse Œdipe l'ignorer. » L14, 26/4/67, LEF4, p22 : « Jocaste le sait. Mais qu'est Jocaste ? Eh bien, pourquoi pas le mensonge incarné en ce qui concerne l'acte sexuel /…/ Dans ce champ X, entre petit 'a' et le lieu de l'Autre, la vérité ne peut se faire entendre. »

[50] La version de l'ALI comporte la correction suivante : « une gifle majeure, celle-là même dont Dora ressentira bien après le traitement le contrecoup brûlant … ». Mais peut-on tenir pour nul le fait qu'un pâté se soit produit dans le texte, bourrage ayant échappé au regard des cor-

le texte allemand se contente de dire : « elle le frappa au visage et déguerpit » (*schlug sie ihm ins Gésicht und eilte davon*).

Il eut fallu interroger Lacan sur cette bévue, car 'gifler quelqu'un', vu d'un point de vue mâle, vaut 'le provoquer en duel'. A ceci près qu'il n'y a rien de tel dans l'attitude de Dora d'après le texte allemand. A moins qu'elle ne soit adepte de l'acte gratuit. Et, puisqu'il ne s'agit pas d'un défi (usurpé puisqu'habituellement porté par un mâle), l'on ne voit plus la raison de son autopunition sous la forme d'une « névralgie transitoire ». En revanche, Freud parle de « désir de vengeance » de Dora envers son père, puisque ce dernier ne parvient pas à se passer de Mme K. (G.W., V, p.260).

Il dit même que la soif de vengeance (*Rachsucht*) qui anime Dora serait un parmi les éléments de la synthèse ultérieure du cas.

Notons que, plus tard, Freud, dans un écrit, généralisera le désir de vengeance des jeunes mariées, à l'encontre de celui qui leur aura ravi leur virginité. Faudra-t-il compter Dora parmi elles ?[51] Car il existe dans la jurisprudence le' viol qualifié de la cavité buccale' ; or Freud impute à Mr K l'exigence de ce type de rapport, sur une jeune gouvernante censée s'occuper de ses enfants. A ceci près que le père de Dora et Mr K. sont en tous points substituables.

Sont-ce des localisations à mettre en relation (topologique) avec les épisodes de toux et d'aphonie que Dora

---

recteurs ? S'agirait-il là d'un acte de malveillance ? Que nenni ! Encore une embrouille lacanienne !

[51] En G.W. XII, p.163, Freud mentionne Frazer à ce sujet et renvoie à 'Tabou et périls de l'âme' [*Le Rameau d'or*, pp.483-718].

(alias Ida Bauer[52]) aurait présentées suite à l'épisode de sa rencontre avec Mr K, dans son magasin ? Par ailleurs, dans *Rachsucht*, (le désir de vengeance) il y a, à une lettre près : *Rauch*, à la fois la fumée de l'incendie (tant redouté dans le rêve) et la fumée des cigares que fume son père et dont Mr K faisait parfois cadeau à Freud.

Après cette tentative d'enfumage, un autre casse-tête : la lettre de la maman de Dora, lui annonçant la mort (fictive) de son père. Lettre dont il est question dans le second rêve. Passons sur le thème de la vengeance dont nous venons de parler. Cette lettre porte une apostille (*Zusatz*) : « Quand tu voudras (*Wenn du willst ?* G.W., V, p.261).

Le mot est certifié par sa présence dans une autre missive, lettre de Mme K., mais constitue en soi une *Einschaltung*, c'est-à-dire une incise et une expression convenue.

Ici Freud enchaine sur l'image d'une forêt[53] qui est déjà en soi un leitmotiv, une rengaine.

---

[52] (Wiki) : 'Ida est un prénom d'origine grecque, qu'on retrouve en toponymie, mais il existe aussi un prénom identique d'origine germanique que l'on trouve sous les formes forme de Ide, Ita, Itta ou Itte.' A propos de la nymphe Ida il est dit : 'Rhéa, qui avait accouché de Zeus dans une grotte sur le mont Lyctos, confie le nouveau-né au soin des deux sœurs, afin qu'elles l'élèvent en secret de son père Cronos [Chose qui devient assez commune de nos jours, sauf que les 'adoptives' se marient afin de brouiller les pistes]. Sous la garde des Curètes, celles-ci nourrissent le jeune dieu avec le lait de la chèvre Amalthée. Selon une légende de botanistes et de jardiniers, griffée au sein par un framboisier (*Rubus Idaeus, ronce du Mont Ida*), la nymphe Ida en saignant colora définitivement les framboises, qui étaient auparavant blanches'.

[53] L'arbre cache la forêt et c'est là que le vert domine. Mais voilà, il se trouve que le nom de Mr K c'est *Zellenka*, qui en slave vaut pour 'verdure'. En français on dit d'un homme qu'il est encore vert. Dans une note (note 2, de la page 77 des 5ψ) Freud fait état d'une question omise

Pourquoi tant de banalités ? Tant de faux-fuyants ? Il est dit [MB-J p.91] qu'Ida Bauer aurait attrapé la maladie de Ménière en 1922. Sa brusque notoriété lui aurait-elle donné le tournis ?

Ici, avant de poursuivre, je vais tenter une comparaison de Dora avec Hamlet, et produire une 'parenthèse des parenthèses' toute particulière.

Tout indique que la position de fantôme que Dora, dans son rôle de metteur en scène, assigne à son père (puisqu'il est mort selon la lettre de son épouse) dans le second rêve, fonctionne comme une répétition de ce qu'il représente dans le premier rêve : celui qui ne sait pas. Scène dans la scène, destinée à faire la monstration devant le fantôme du père de Dora, de ce que son lieu-tenant, Mr K, a commis le péché de lèse-majesté, en se substituant à lui dans la scène au lac. Tel Hamlet, Dora le poignarde puis s'évanouit.

---

par Dora et qui devrait être réintroduite dans le rêve, à savoir : 'Où habite Mr X' ? Et Freud d'ajouter : « son père ». Serait-il introuvable ? Ou réduit à l'état d'incube ? Freud déclare : « Je ne puis malheureusement pas communiquer ce nom pour montrer avec quelle habilité il a été utilisé pour désigner l'équivoque et l'inconvenant (G.W., V ; p.267, *'zweideutigen' und 'Unangeständiges'*)». On sait à présent que son père se nommait Philipp Bauer, époux de Käthe Gerber [MB-J, p.85]. Personnellement je ne vois pas où est l'allusion, puisque le texte allemand ne me donne aucune indication supplémentaire. Phonétiquement *Baurer* est voisin de *Bohrer*, celui qui perce, sobriquet que -par antiphrase- je rendrais volontiers par 'soudard'. Évoquant une autre phrase : « Ils sont partis au cimetière », en relation avec la mort de la tante de Dora, Freud, « le sage de la Berggasse » selon Mikkel Borch-Jacobsen, parle d'un « autre jeu de mots faisant allusion au nom de cette tante (Malvine Friedmann, selon MB-J, p.87). » Là aussi je ne puis que donner ma langue au chat. Est-ce parce que Friedman copine avec *Friedhof* (le cimetière) ?

Elle fait de la sorte défaut dans le nœud à trois (papa, Mr. K, Dora), où c'est Mme K, en position de quatrième, qui viendra à la rescousse ; et qui n'est là que pour reconstituer le nœud. Sinon elle compte pour du beurre (tant pour le père de Dora que pour Mr K).

Dans le volume de ses *Autres Écrits* (p.144) Lacan se livre à un exercice d'équilibriste censé se tenir sur la corde tendue par Freud entre hystérie et homosexualité, au-dessus d'un vide clinique qu'il tend à combler par les moyens du bord, à savoir le transfert. Ce qu'il profère : ce sont là paroles de dialecticien et non pas celles d'un qui aurait 'compris' le combat de Dora. Réduire l'amour qu'elle porte à son père à une simple question d'identification est commode sur le plan didactique mais ruineux sur celui de la vérité. C'est ce que nous allons essayer d'argumenter.

Rodomontades[54] lacaniennes à propos du cas Dora

« Ce n'est pas en effet de psychologie que Freud se soucie, ni de renforcer le moi de sa patiente, ni de lui apprendre de supporter la frustration, quand il est par Dora pris à partie sur la situation scandaleuse où l'inconduite de son père la prostitue. Bien au contraire, c'est à la situation même qu'il la renvoie pour obtenir d'elle l'aveu de l'actif et constant soutien qu'elle y apporte et sans quoi cette situation n'eût pu un instant se perpétuer. » (AE[55], p.144).

Sigmund Freud consacre 123 pages au cas Dora dans ses *Gesammelte Werke* alors qu'à son tour Lacan cumule plus de cent citations du nom de Dora sur une cinquantaine pages de texte. Et d'abord dans ses *Écrits* où figure son morceau de bravoure intitulé « Intervention sur le Transfert » (215-226). D'emblée il écrit ceci :

« Freud est trop averti de la constance du mensonge social pour en avoir été dupe, même de la bouche d'un homme qu'il considère lui devoir une confiance totale. Il n'a donc eu aucune peine à écarter de l'esprit de sa patiente toute imputation de complaisance à l'endroit de ce mensonge. »

---

[54] Rodomontades : ce mot vient de Rodomont, personnage du *Roland Furieux* d'Arioste.

[55] [AE]= *Autres Ecrits*, « Intervention sur le Transfert » 2001, au Seuil.

On pourra dire désormais que le mensonge social a eu raison de Lacan, puisqu'il a été dupe de cet homme que Freud « considère lui devoir une confiance totale », à savoir le père de Dora. Freud l'était-il tout autant, est une autre question. De cette embrouille Lacan ne pourra se sortir en dépit du recours fait à Hegel et à sa dialectique. Dialectique dont il impute à Freud le maniement lorsqu'il dit (E596):

> « [Freud] réduit Dora à constater que ce grand désordre du monde de son père, dont le dommage fait l'objet de sa réclamation, elle a fait plus que d'y participer, qu'elle s'en était faite la cheville[56] et qu'il n'eût pu se poursuivre sans sa complaisance. »

C'est ce que Lacan aurait pu dire de Hamlet. Cependant, peut-on qualifier de 'complaisance' le fait d'aimer son papa d'un amour charnel et regretter qu'il soit si mal entouré ?

Lacan dote Dora d'une 'identification paternelle', non sans avoir erré à vrai dire de Mr K à Mme K, tout ça parce qu'il doit confirmer l'hystérie : le diagnostic de Freud. Mais pour ce qu'il en est de l'objet du désir de Dora, celui dont elle serait éprise (au sens de la *Verliebheit*) c'est pareil ; faute de soupçonner la vérité Lacan impute à Dora le fait qu'elle serait (L01, séance du 12.5.1954) :

---

[56] Cheville : est-ce là une réminiscence du faux pas dont Dora a porté longtemps les séquelles ? Il reste que l'expression « cheville ouvrière » renvoie aux fonctions de gond et d'enforme, que Lacan subsume sous les auspices de l'objet 'a'.
Par ailleurs, le 29.04.1959, il dit ceci : « Un des premiers cris à la fin du premier acte d'Hamlet est celui-ci : *'The time is out of joint : 0 cursèd spite, That ever 1 was born to set it right !* Le temps est sorti de ses gonds, Ô maudit dépit (Je ne peux traduire autrement *spite*).' Il y a de ça dans la hâte de l'hystérique.

« Dans cet état d'oscillation où elle ne sait pas si ce qu'elle aime c'est elle-même, son image magnifiée dans Mme K., ou si c'est son désir pour Madame K ».

Eh bien, c'est ni l'un ni l'autre, mais son père. Il reste néanmoins, qu'à la faveur de cette supposée identification paternelle, ainsi qu'au gré de cette dialectique de l'autopunition, plus le penchant vers l'homosexualité, nous tenons un cadre, un mathème susceptible de définir ce qu'est l'hystérie. Parmi les résultats essentiels que Lacan tire du cas : il y a le transfert, dont il dit ceci (E224):

« Ainsi le transfert ne ressortit à aucune propriété mystérieuse de l'affectivité, et même quand il se trahit sous un aspect d'émoi, celui-ci ne prend son sens qu'en fonction du moment dialectique où il se produit. »

Évidemment, à propos de Dora, Lacan tente d'établir un diagnostic par élimination. D'abord le 7.7.1964 :

« Vais-je dire que Dora est une paranoïaque ? Je n'ai jamais dit cela et je suis assez scrupuleux en matière de diagnostic de psychose. »

Question qu'il renouvelle dans les *Écrits* (E161) et il va jusqu'à proposer que (E163) :

« Dora éprouve à l'endroit de son père un phénomène significatif ; il reste dans certaines limites un phénomène interprétatif, voire hallucinatoire ; il ne va pas jusqu'à produire un délire, mais néanmoins c'est quelque chose qui est extrêmement sur la voie de ce rapport ineffable, intuitif, de l'hostilité, de la mauvaise intention d'autrui /…/. Ceci veut dire que par le défaut des éléments du quadrilatère dont il s'agit, que quelque chose vient de se modifier dans ce qu'on peut appeler le niveau d'altérité d'un tel personnage, la situation se dégrade en raison de l'absence d'un des composants qui lui permettait de se soutenir »

« Phénomène significatif », l'expression est faible, mais glissons. Lacan se souviendra de cette configuration collective lorsqu'il lui faudra parler de ce qui se passe quand se produit un lâchage dans un nœud borroméen, et que le sujet le ressent sous la forme à la fois d'une modification de l'altérité des autres et de son sentiment de soi. Mais est-ce bien de ça qu'il s'agit dans le malaise relationnel dont souffre Dora ? Il est vrai qu'elle est jalouse de Mme K, lui témoigne de l'hostilité, loin d'accepter l'idée d'un partage. Avec Dora nous sommes à des années-lumière de la superbe indifférence (proverbiale) des hystériques (qui se manifeste encore de nos jours, moins par refoulement du ressenti que par idéologie, dès lors qu'une femme libérée n'appartient plus à personne).

Il n'y a pas que dans les *Écrits* que Lacan parle du cas Dora et ce qu'y figure a été déjà préparé dans son *Séminaire*. Le cas Dora fait l'objet d'une présentation dès le tome premier du *Séminaire*, et notamment aux séances du 17.2.1954 et du 12.5.1954. Puis, dix ans plus tard, il en est question aux séances du 16.6.1964 et du 7.7.1964, ce qui doit nous permettre de voir s'il est des points théoriques qu'il a accentués ou délaissés dans l'intervalle. Et, dans l'entre deux, vient la séance du 18 janvier 1956, qui justement correspond au *Séminaire* III sur « Les psychoses ». A cette séance il est question du passage à l'acte de Dora et de l'acting out de la Jeune homosexuelle, question qui rebondira bien plus tard dans le séminaire sur « l'Acte analytique »; ce propos trouve sa place à partir du moment où la notion du narcissisme intervient dans la théorie analytique, dès lors que –progressivement- l'agressivité sera mise au centre des préoccupations des analystes, et je dirais même : des soucis d'ordre technique des analystes. Ce nous sera l'occasion d'entrer : « dans la raison profonde d'une apparente déraison ».

Chose qui, dans l'actuel, donne lieu, dans le monde animal, à des facéties : observables lors des parades nuptiales, et concurremment lors de 'luttes à mort de pur prestige' auxquelles se livrent régulièrement les mâles en rut. Lacan interroge les circonstances qui incitent un mâle à se lancer dans la bataille plutôt que de se tenir coi. Ceci donne lieu à expérimentation, où l'on utilise des leurres, mais pour l'essentiel il s'agit de définir « quels sont les vrais mâles et quels sont les faux ». C'est rigolo parce que Lacan est allé jusqu'à écrire un texte intitulé : « La psychanalyse vraie et la fausse » (AE p.165).

Bref, Lacan nous gratifie de ceci :

> « Quand le mâle est vrai mâle, celui qui vient envahir le champ de l'épinoche, s'approche à une certaine distance du lieu défini comme territoire, la réaction d'attaque se produit ; quand il est à une certaine autre distance, elle ne se produit pas. Il y a donc une sorte de point-limite où l'épinoche 'sujet' va se trouver entre le « attaquer» et le « ne pas attaquer».

Lacan souligne « Le passage, le franchissement du 'ne pas attaquer' à 'l'attaquer' », non sans pointer la tierce issue qui consiste en un « déplacement de cette partie du comportement érotique qui est justement, lui, de creuser des trous ».

Et il nous propose d'observer :

> « Ce qu'était en train de faire l'épinoche mâle devant le miroir : il baisse le nez, il est dans cette position oblique, la queue en l'air et le nez en bas, qui est très exactement la position qu'il n'a jamais au cours de toutes ces images nombreuses que nous fournit ce comportement »

Position innovante qui survient à un moment de 'docte ignorance', chose qu'ici Lacan ne dit pas mais qu'il désigne pourtant comme suit :

« Autrement dit, quand le mâle de l'épinoche ne sait pas que faire sur le plan de ce qui est sa relation normale avec son semblable du même sexe, quand il ne sait pas s'il faut attaquer ou ne pas attaquer, il se met à faire quelque chose qu'il fait alors qu'il s'agit de faire l'amour. »

En clair : l'épinoche se branle. Ce que Lacan résume en disant :

« Ce point limitrophe entre l'éros et la relation agressive n'a pas de raison de ne pas exister chez l'animal ».

Et pourquoi n'aurions-nos pas là un des ressorts de l'homosexualité ; chez les humains, évidemment ? Mais aussi celui des vaticinations de Hamlet autour du : « être ou ne pas être ». Quand Lacan dit (L01 12.5.195) :

« Rappelez-vous ce que fait Freud avec Dora. Dora est une hystérique. Freud à ce moment-là ne connaît pas suffisamment, de son propre aveu, il l'a écrit et réécrit et répété, refoutu en note partout, dans tous les coins, et même dans le texte, ce qu'il appelle 'la composante homosexuelle' - ce qui ne veut rien dire, enfin, c'est une étiquette ! - Cela revient à dire qu'il ne s'est pas aperçu justement de la position de Dora, de ce qu'était justement l'objet de Dora. Il ne s'est pas aperçu, pour tout dire, que - là, en O'- c'est Mme K. »

Après tout ça voudrait dire, vu l'histoire de l'épinoche, que, puisque Dora n'a pas assez de couilles au cul pour se farcir un mec, elle prend pour cible et fourbit ses armes contre une femelle. Sauf que Lacan s'interroge : « Quel est justement son objet d'amour ? ».

Bref, Dora -la narcissique- n'aimerait qu'elle-même. Ici il est temps pour nous de récupérer nos billes, puisqu'il est clair que l'agressivité effective est hors 'sujet'. Chose que Lacan nous rappelle en disant (AE p.174) :

« Le praticien /…/ doit se tenir au niveau du sujet qu'il découvre, non pas le sujet de la connaissance /…/ mais le sujet de la parole. /…/

Et il ajoute :

« Cette parole bâillonnée est latente dans les symptômes du sujet, et nous devons la délivrer, comme la Belle-au-bois-dormant».

Ailleurs, il précise qu'il n'y a pas lieu de confondre celui qui est étendu sur le divan avec le sujet qui parle. Sujet d'une parole qu'il y a lieu de traduire dans les rêves : Lacan nous le rappelle dans une séance qui cumule trois six (16.6.1964), en soulignant que la fonction chtonienne du rêve vise à la transmission du désir, à condition de savoir prendre en compte le fait que :

« Cette pluralité, cette superposition d'ordonnances sémantiques [666 ?], qui vont, si on peut dire, d'un matériel signifiant jusqu'à toute la profondeur et la superposition des significations, nous montre comment la parole, à savoir la transmission du désir, qui peut se faire reconnaître pour cela, exactement, par n'importe quoi, pourvu que cela soit organisé en système symbolique ; et que c'est là, précisément, ce qui est la source du caractère pendant longtemps indéchiffrable du rêve. »

Le transfert est la pierre de Rosette qui doit permette le déchiffrement de l'inconscient. Sans oublier le nœud (Lacan dit le trépied) : « rêve, lapsus, trait d'esprit », à quoi s'adjoint volontiers un quatrième : à savoir le symptôme :

« À l'intérieur de l'expérience instaurée par les premières découvertes de Freud sur le trépied : rêve, psychopathologie de la vie quotidienne, trait d'esprit, qui est toujours, /…/ la parole qui s'avère au-delà de ce discours, qui est incluse dans ce quelque chose qui est essentiellement analogue à ce qui en forme le quatrième élément, de ce trépied - rêve, lapsus, trait d'esprit - qui est le <u>symptôme</u> qui, lui aussi, est un mode de rapport sur la base de l'organisme en tant qu'il peut servir non pas de *verbum,* lui, puisqu'il n'est pas fait de phonèmes, mais de *signum - si vous vous* souvenez des différentes sphères incluses du texte d'Augustin. »

Ici Lacan nous la baille belle lorsqu'il s'installe dans la position de l'auteur ésotérique (à qui l'on doit : *Le guide des égarés*, par exemple) et dit :

> « La façon dont il présente, sa façon d'écrire, à savoir comment, délibérément, il organise son discours de façon telle que ce qu'il veut dire, /…/, qui n'est pas dicible, soit compréhensible, puisse se révéler quand même. /…/ Le matériel signifiant, qu'il soit phonématique, hiéroglyphique, ou autre chose, ce sont des formes qui sont déchues de leur sens propre, et comme telles : reprises dans une organisation qui est justement celle à travers laquelle un sens nouveau trouve à s'exprimer. »

Trêve d'ortolans, de portulans et autres billevesées. Elles n'intéressent Lacan que vidées de leur sens. Quel dommage qu'il n'ait pas tenu compte, dans sa *la*cantate sur l'hystérie, de l'indicible dans le discours de Dora, et qu'il nous ait dispensé d'entendre le miaulement de son biniou à la gonfle, alors que se dansait (L03, 18.1.1956) le « menuet occupé par quatre personnages : Mme K..., le père, Dora et M. K... Mme. K... ». Le discours mèl/o/dieux de Freud, au « point ombilical de la parole », nous eût paru plus audible. Mais faudrait-il rappeler (AE p.172) que :

> « C'est au lieu de l'Autre que le sujet se trouvera à la place de ce qui était, et il faut qu'il assume (*Wo Es war soll Ich werden*) /…/ Psychanalyse veut dire pour tous qu'on entre dans la raison profonde d'une apparente déraison /…/. »

Tout cela est merveilleux mais il y a aussi des phrases du genre (L03, 18 janvier 1956):

> « Toute relation est fondamentalement incestueuse et tendue en elle-même, conflictuelle sur le plan imaginaire ».

Ça c'est la note disons naturaliste, que Lacan s'est abstenu d'appliquer à la relation entre Dora et son papi de père ; mais à quoi il ajoute, sur le plan éthique, un autre bout de phrase, lui franchement effrayant, lorsqu'il dit dans la foulée :

> « La relation naturelle chez l'être humain est en elle-même vouée au conflit et à la ruine ».

De la jouissance qu'il ne faut pas

Le père de Dora aurait-t-il goûté à la jouissance qu'il ne faut pas ? Celle de l'inceste, évidemment. Et bien on s'en fout !

Ce qui est en question c'est de savoir en quoi, en quelles circonstances une telle jouissance a pu s'avérer inter-dite, et donc éventuellement consensuelle. Ne serait-ce que pour introduire le soupçon que la mondialisation, honnie par les uns et appelée de leurs vœux par d'autres, en serait l'expression la plus voyante.

Si ce genre d'allusion vous fait bondir, c'est qu'il y a de quoi. Il suffit d'examiner des problématiques qui lui sont strictement, topologiquement équivalentes. La mondialisation, vue de mon *j*uda, mériterait l'introduction d'une source de lumière qui semble cruellement faire défaut dans l'abord d'un certain jiu-jitsu avec la vérité, voire de conflits passés, instants ou à venir, qu'on lui impute. Posant ainsi des problèmes de conscience et donc des problèmes de jouissance[57].

Nous y sommes. Le sujet de l'inconscient (ou la mondialisation ?) : c'est lui le coupable. Ou alors la tour de Babel.

---

[57] Formulation à l'instar de celle de Lacan, lors de sa conférence à Saint' Anne, le 4 novembre 1971.

Vous savez ce qu'est un drône[58]. C'est un jouet. Dont vous vous servez aujourd'hui pour espionner votre voisine, et éventuellement pour lui livrer des fleurs et des chocolats. Mais ça constitue en soi une atteinte, que dis-je, un attentat à la jouissance d'autrui. De votre fait : il n'est plus maître chez soi. Si je me suis construit un joli pavillon dans un endroit tranquille, ce n'est pas pour y recevoir des visiteurs impromptus. A supposer qu'un de mes fils s'emploie à de telles plaisanteries envers nos voisins, je suis tenu de le contrôler. Pour cela il convient que mon autorité soit un tant soit peu reconnue dans 'ma' maison. Il ne faudrait pas que les gendarmes soient obligés de venir m'interroger sur le pourquoi et le comment des conneries de mes fils.

Ce que je viens d'exposer est un schéma expérimental destiné à dessiner les contours d'une jouissance qu'il ne faut pas. Changeons d'échelle. Situons-nous sur le plan planétaire, c'est le cas de le dire. Il se trouve que des 'puissances' utilisent sur le plan mondial de tels drônes pour éliminer leurs adversaires politiques. Ce faisant, elles s'adjugent, non pas le 'droit de cuissage' mais le 'droit de vie et de mort' sur leurs adversaires, à titre préventif ou punitif. Là nous ne sommes pas dans la fiction. Ça fait partie de l'actualité. C'est d'autant plus important que ça crée aussi des problèmes de conscience. Notre division subjective en prend un coup.

Quand je dis « On s'en fout ! », j'avoue ce faisant ma division puisque le problème posé me met en position de 'juge et partie'. Et puis, n'importe qui peut me rétorquer (en vertu de l'adage) : 'c'est celui qui le dit qui l'est'. Et puis :

---

[58] Faites gaffe au trône, qui pompe votre énergie, car 'tout ce qui est en haut est comme ce qui es en bas' : ça gonfle la montgolfière !

« De quel droit se mêle-t-il de tout ça ? » Sur ce, je n'ai plus qu'à assumer mon statut de fouille-merde (de psychanalyste ?) car je ne vois pas qui d'autre saurait s'autoriser de parler de 'la jouissance qu'il ne faut pas'

Evidemment, il est parmi les attributions des états souverains de contrôler leurs 'minorités' (services secrets, ONG indiscrètes, anars, communautés diversement séparatistes, ou au contraire membres de milices, partisans, voire des simples particuliers, des fous en somme). L'usage des drônes n'est pas exempt de dommages collatéraux (Et dieu reconnaitra les siens !) mais ils seront tout de même plus sélectifs que le procédé universel dont on a usé et abusé dans un passé encore récent : 'pour un des nôtres tué : cent pour l'adversaire'. La loi du talion au centuple, en quelque sorte. A cette vitesse ça tourne vite au génocide : toujours la jouissance qu'il ne faut pas.

La propagande des islamistes est sur ce plan exemplaire : « L'occident, le mondialisme, c'est le désordre, la honte ; l'Islam c'est l'ordre, la prospérité, la paix ». Ça suppose des gouvernements qui disposent de l'adhésion de tous et de l'autorité nécessaire pour faire barrage à 'la jouissance qu'il ne faut pas'.

En Occident, vous pouvez toujours essayer d'exercer quelque forme d'autorité sur vos enfants. Si vous osez une claque (et donc 'la jouissance qu'il ne faut pas', elle réservée aux bourreaux assermentés), vous êtes sûr que toute la classe de votre fils (ou fille) viendra manifester sous vos fenêtres, institutrice en tête. Ne parlons pas de ce que votre conjointe exigera comme compensation, car désormais elle n'est plus censée être solidaire et donc à consentir à la dite jouissance. Et personne n'a plus de voix prépondérante dans un couple puisqu'il y a désormais parité entre les parties prenantes.

N'en jetez plus, la coupe est pleine.

Qu'ai-je à mettre sur l'autre plateau de la balance ?

Tout d'abord il y a lieu d'envisager les tentatives supposées tenir compte de l'inconscient. Il y a eu des modèles et des contre-modèles. Le point de vue rousseauiste dans l'éducation des enfants, par exemple. Dans les années soixante-dix on s'est soucié de l'éducation sexuelle des tout petits, sur des standards américains. Les éducs prenaient le bain avec les enfants et se laissaient volontiers 'explorer' par eux. J'avais reproduit certains des leurs compte-rendu dans un ouvrage, qui est resté en rade, car les partisans de la répression de 'la jouissance qu'il ne faut pas' ont obtenu du législateur une loi contre la pédophilie, et donc ces pratiques ont dû cesser.

Puis, aux USA, a été publiée toute une série de cas de *Münchhausen by proxy*, à quoi se sont intéressés surtout les spécialistes de la victimologie. L'accueil en France de ce genre d'accusation dont ont été l'objet toute sortes de mères de famille (occupées en douce à rendre malades leurs enfants, puis, dans l'après-coup : jouir de la difficulté où patauge le 'sujet supposé savoir', le docteur, pour ce qu'il est d'établir un diagnostic et donc un traitement), a été plutôt frais ; le *noli tangere matrem* qui a prévalu a jeté un voile épais sur ce genre de 'jouissance qu'il ne faut pas'. La *Deckung* freudienne a bien fonctionné. Motus et bouche cousue sur ce genre d'exploits. Quand quelque chose dérange, un lobby se constitue afin que soient mises en jeu des dispositions législatives de manière à balayer sous le tapis toute une série de manifestations de ladite jouissance 'qu'il ne faut pas', sans que pour autant rien ne soit réglé, qu'il s'agisse du problème posé par les femmes battues, ou par celui des exécutions en direct dans les rues qui se produisent sporadiquement dans l'hexagone.

Bref, la seule riposte contre le genre de maltraitance, et le mot n'est pas assez fort, que certains exercent à l'encontre d'autrui, est aujourd'hui d'ordre pécuniaire, et certains avouent tout haut que pour que ça soit efficace il faudrait augmenter le SMIG. Mais ça ne règlera pas le problème au plan international. Surtout si, parmi les ténors de l'avant-garde culturelle, l'on persiste à faire l'éloge de l'acte gratuit. A quand le sadomasochisme généralisé ?

Face à cette tragédie, dois-je énumérer les expédients dont on use au quotidien, pour s'absoudre de toute compromission dans l'état de choses, disons occidental, et qui ne cesse d'empirer. C'est tout simple. Il suffit de fermer les yeux, de se boucher les oreilles ou de s'étourdir en plongeant dans quelque émission, quelque *Entertainment* idoine. Avec l'abstention aux urnes à la clé. Je médite, je me soigne, je me détends, je m'ébroue, tout ça voulant dire : je n'y suis pour rien. Et surtout ne pas lire : ni Freud, ni Lacan, les emmerdeurs de service, car ils ne sont là que pour nous culpabiliser. Voyez ce que leur dialectique a fait de Dora : une inconsciente qui n'a que le droit de s'en prendre qu'à elle-même, dès lors qu'à l'évidence personne dans son entourage ne saurait soulager sa vérité, son fardeau. Surtout pas son père puisqu'on dit qu'il serait impuissant. Non mais !

Ajoutons à cela la confusion des genres que prônent les grenouilles de bénitier de la dé-cro*a*ssance, et nous avons le tableau d'un polythéisme d'un nouveau genre, tout à fait propice à l'explosion des divers 'délires sensitifs' à la Kretschmer ; face à quoi les psys, éblouis par la 'nouveauté' du phénomène, sont plus dans la complaisance et l'ahurissement que dans une critique argumentée.

Mais qu'est-ce que le polythéisme ? C'est ce qu'un certain Moïse a tenté d'abolir. L'abolir, c'est proscrire le fait de ce que j'ai nommé les nouvelles sacralités, par exemple : que je puisse diviniser ton gros orteil, le bout de ton pif et celui de ton troisième téton ; et ce quelle que soit l'attirance qu'ils puissent susciter en moi, et le loisir que je revendique de changer d'objet élu *ad libitum*. Car, dès que cette attirance cesse, les dits gadgets du désir se muent instantanément en objets phobiques, voire persécutifs. Avec Moïse, par l'instauration du Non-du-Père et donc de la Loi morale, on espère le bénéfice d'une certaine liberté de manœuvre.

S'étant rangé du côté de l'éthique du monothéisme, Freud a été qualifié d'utilitariste. Ce que Lacan conteste en 1960, lors d'une série de deux conférences sur l'éthique du psychanalyste, prononcées à Bruxelles. Reprises dans le volume de ses '*Petits Écrits*'.

Lacan parle du désir pour noter que ce n'est pas si simple que ça. Autant dire qu'il désigne par-là l'inconnu au bataillon. C'est quoi le désir ? Ça vous gratouille ou ça vous chatouille ?

Vers Une clinique du Réel

J'ai cité Jean-Pierre Lebrun en note, mais j'y reviens parce qu'il compte sur son érudition pour faire clinique (et il est loin d'être le seul de nos jours vu la facilité qui nous offerte par les medias pour ce qu'il en est de s'informer), alors que pour ma part l'érudition ne peut intervenir que pour étayer ce que j'ai pu expérimenter. Ainsi, en dépit de l'extension de l'information en réseau, et de la part du lion qu'elle a l'air de se tailler dans les échanges convenus entre techniciens, tout spécialement entre praticiens de la 'psychanalyse', il est clair que personne n'écoute plus personne. Chose sidérante dans les émissions à la télé où l'on est sensé échanger du vécu, du concret. Il reste qu'en son for intérieur une foule de gens attend quelque chose de la transcendance, de cette verticalité que Lebrun s'empresse de déconstruire. Le *Sursum corda* !, n'est pas mort, même s'il est proféré par des lèvres dégoulinantes de blasphèmes.

Par ailleurs j'ai dit les scrupules qu'a eu Freud à publier le cas Dora, par exemple, et l'on constate aujourd'hui la carence en ce qui touche aux observations publiées crédibles et dûment commentées, pénurie dûe à l'omniprésence de la censure ; chose à quoi on tend à suppléer par le recours aux œuvres de fiction, telles les films, les romans, voire les talkshows, ou carrément, comme au temps de Freud, à la mythologie et les tragédies hellénistiques. L'audace est une vertu qu'on n'est plus censé pratiquer que *post-mortem*.

« Foutaises, que tout cela », clament les assujettis à la NEP (La Nouvelle Economie Psychique, selon Charles Melman), à quoi Jean-Pierre Lebrun tend à répondre lorsqu'il s'interroge (LCI p.69) sur ce qu'il y a lieu de faire pour rétablir la prévalence de l'humanisation :

> « Or, et c'est une des thèses de ce livre, le changement en profondeur de l'organisation sociale en cours nous oblige de nous demander si cet aveuglement ne pourrait pas rendre compte d'un certain nombre de difficultés cliniques, tant sociales qu'individuelles, qu'on rencontre aujourd'hui et qui paraissent inédites ».

Ce faisant, il omet d'ajouter que « transformer la peau du crocodile en sac à main » suppose qu'on écorche au préalable le crocodile maternel, puisque c'est la seule façon de s'en « déprendre ». Ça fait ringard, effectivement, et surtout ça contrevient à l'idée de progrès, auquel il ne semble pas prêt à renoncer.

Ce bon vieux Lacan disait à qui veut l'entendre que : le décalogue n'est rien d'autre que la transcription des lois du langage. L'humain, étant ce qui habite le langage, ne saurait transgresser les limites de ce qui l'abrite. « Il n'y a pas de transgression ! » Tel est l'oracle lacanien à l'encontre de ceux qui pensent que la Loi est faite pour qu'elle soit transgressée, et ceci au bénéfice de la satisfaction de 'la' ou 'des' pulsions.

Et il ajoute (E752) : /.../ « La parole du père humanise le désir ». Ouaou !

La référence à la filiation ayant aujourd'hui du plomb dans l'aile, point n'est utile de tortiller les termes, car il n'y a pas plus d'incestualité [LCI p.41, note 2] de l'inceste qui tienne que de caballité du cheval. Il y a avant tout, comme j'ai eu l'occasion en son temps d'en faire état, l'utilisation du cheval de Troie du juridique aux fins d'instaurer l'inceste légal, qui consiste par exemple à conférer la puissance maternelle à la grand-mère sur les enfants, enfants dont la vraie mère se trouve juridiquement empêchée. Ça crée une confusion dans les générations. Du coup : 'Ma mère c'est ma "tata" !' Mais alors : qui est l'oncle et qui est le neveu ?

Autre scénario qui revient à faire adopter des enfants d'une même fratrie par des 'parents' différents, tout en les laissant dans l'ignorance du lien qui les unissait entre eux. Du coup, lorsque je fais partie des 'adoptés', je suis à tout instant en mesure de me demander si la fille avec laquelle je suis en train de niquer est ma sœur ? Devrais-je pousser le scrupule jusqu'au point de m'interdire toute relation physique ? Sauf qu'il y a lieu !

Car la chair, elle, se souvient, et se venge à terme au fil des générations. Ça crée de l'inégalité ; allez voir ce qu'il en est résulté chez les béquets de la Martinique !

Pour satisfaire les pulsions, il faut et il suffit de suivre les prescriptions de l'Évangile[59] en faveur de la promotion de la jouissance.

---

[59] L10, 19.12.1960, p.10-12 : « Dieu me demande de jouir -textuel dans la Bible- c'est tout de même la parole de Dieu. /.../ vous avez déjà remarqué la différence totale qu'il y a du dieu des juifs au Dieu de Platon [sa petite évasion psychotique]. »

N'oublions pas que les écritures saintes et les écrits inspirés (de tout bord) visent d'abord la béatitude des âmes simples. Sigmund Freud parlait de la psychanalyse comme d'une *Seelenbehandlung* (management des âmes) et Jacques Lacan soignait son 'bout de Réel', tout le temps que ce dernier ne l'aura pas lâché (s'agissant bien entendu de son dernier souffle, qu'en grec on nomme *psyché*). Lebrun se rattrape aux branches du 'buisson ardent' en évoquant le bonheur des habitants d'un monde où règnerait « l'état-limite généralisé » [LCL p.31 ; s'agirait-il de du retour dans le sein maternel, selon Otto Rank ?]. Celui des humains, « pour lesquels l'interdit de l'inceste ne serait pas vraiment inscrit » et pour lesquels « la mise en place du processus langagier est comme inachevée ». En seraient-ils encore au 'préverbal' ?

Pour ma part cet inaccompli, je le verrais comme dû à une stratification compacte du mille-feuilles : des traces accumulées lors de la période néoténique que traverse tout un chacun ; traces d'un sensorium qui n'aurait pas rencontré sous un angle favorable la 'pierre de Rosette' susceptible d'autoriser toute sa traduction sous forme de signifiant[60]. De la *Vorstellung* [L07, p.75 : « le grumeau de la représentation »[61]] à la *Repräsentanz*, de la perception à la conscience, il y aurait chez les dits 'états-limite' des trous dans

---

[60] Sur ce point il m'est arrivé de loucher du côté du 'stade du miroir', promu en 1936 par Lacan, au titre de seuil entre la vie pré- et/ou néonatale et le moment où l'enfant assume son accès à l'altérité. Étape primordiale et qui semble être aujourd'hui tombée en déshérence, parmi les beaux esprits.

[61] L07, p.75 : « La *Vorstellung* est prise dans Freud dans son caractère radical /.../ celui d'un corps vide, d'un fantôme, d'un pâle incube de la relation au monde, d'une jouissance exténuée ».

l'interface par où s'effectue la dite traduction, et une malfaçon de la matrice de l'altérité. Ouf !

Sauf que ce qui est impossible de traduire sur le plan de la verbalisation se manifeste tout de même en actes, et Lebrun de citer le témoignage du père d'Albert Camus [LCI p.39], confronté au Réel des faits de guerre et de l'insoutenable vision qu'ils offrent. Sauf que j'ai vainement cherché dans son texte quelque référence à la 'prématuration à la naissance' selon Bölk.

Il reste que Lebrun nous donne de précieuses indications quant aux causes prochaines de ces malfaçons de l'humain, pointant l'idéologie, et donc le discours, qui favorise leur prolifération. Encore faut-il s'assurer qu'il est encore des psychanalystes prêts à offrir une part de leur propre étoffe subjective afin de régénérer ladite matrice.

Pour conclure

Voici donc le bout du bout d'essai sur ce qu'on doit nommer le 'message' que Freud adresse à l'humanité entière, et aussi sur la nécessaire sauvegarde de son patrimoine immatériel. A l'instar de Galilée et de Darwin il nous prescrit la bonne manière d'errer humainement. Notre effort a consisté à inciter le lecteur de revisiter Freud dans le texte (en allemand), afin de goûter aux sonorités propres à cette langue, telles que *sur*-prises aux lèvres de ses patients, le Petit Hans, l'Homme aux loups ou Dora. Nous avons adressé un certain regard au mythe individuel de l'Homme aux Loups, qui nous le rend bien à travers la lucarne de son fantasme, non sans que s'en produisent certaines bavures d'ordre hallucinatoire.

Auras verbales dont la théorisation s'est fait attendre, puisque la linguistique telle qu'un de Saussure, ou un Roman Jakobson l'ont mise à l'ordre du jour, n'existait pas à proprement parler à son époque.

Il a incombé à Jacques Lacan de s'attacher à un retour à Freud, armé de cette nouvelle science, et puis d'autres encore, nées entretemps, telle que la néonatologie, par exemple.

En ce qui concerne cette dernière il est difficile aujourd'hui de se tenir au courant de ce qu'elle propose comme découvertes. Parlant de 'clinique', une question se pose : l'autisme fait-il partie des entités cliniques qui concernent l'exercice de la psychanalyse ? Parmi les théories explicatives de son surgissement, quelles sont celles qu'un psychanalyste est supposé privilégier ? Il est clair qu'un Bruno Bettelheim mettait en cause une certaine forme de maltraitance[62] pratiquée par le milieu familial, et donc préconisait la soustraction précoce de l'enfant au 'goulag' familial. En quoi il a encore de nos jours des partisans.

S'agissant d'une pathologie qui n'a pas dit son dernier mot, il convient toutefois d'être plus circonspect quant aux déterminismes dont elle serait le fruit.

De nos jours, ayant quasi éliminé l'hypothèse génétique, on explore le filon de d'immunologie, et je suis entré en possession d'un article récent sur ce sujet, qui m'a été re-

---

[62] Dans : *Pour une enfance heureuse,* Catherine Gueguen insiste sur les risques encourus par les enfants ayant subi des châtiments corporels, puisque ces derniers sont d'emblée inscrits au niveau de l'amygdale (« L'amygdale ou complexe amygdalien est un noyau pair situé dans la région antéro-interne du lobe temporal au sein de l'uncus, en avant de l'hippocampe et sous le cortex péri-amygdalien » Serait le siège de la mémoire immédiate.) et infléchissent les comportements de ces enfants leur vie durant. Elle est moins convaincante lorsqu'elle met l'accent sur le sous-développement du cortex orbito-frontal qui en résulterait, la population des enfants (rom ?) de Roumanie ne fournissant pas apriori un échantillon pertinent. Car parler de 'sous-développement' suppos qu'on dise 'par rapport à quel échantillon de référence ?' Sachant que la population roumaine est de 22 millions de personnes, dont 8 millions de rom, à caractéristique morphologiques de type indien, sensiblement différentes de celles des caucasiens.

commandé[63], et suite à sa lecture j'aurais quelques commentaires à faire. L'équipe éditoriale du texte comporte dix-neuf membres, dont huit sont issus d'instituts situés en Israël. Alors qu'à quatre on cinq nous sommes infichus de produire la moindre synthèse sur la clinique freudienne revue et parfois retouchée par Jacques Lacan, nous avons là l'exemple qu'à dix-neuf on parvient tout de même à se mettre d'accord pour publier un texte. Chapeau !

Bref, suite à une définition de l'autisme, celle de Léo Kanner en 1943, complétée par Wing et Gould en 1979, nous nous trouvons en présence d'une entité clinique nommée '*Autism Spectrum Desorders',* chose que je traduirais volontiers par la 'Nébuleuse de l'Autisme' ; caractérisée : 1° par une interaction verbale défaillante, 2° d'une limitation dans l'usage des actes sociaux, 3° un comportement répétitif particulier. Nébuleuse parce qu'y entrent des éléments disparates, tels qu'une épilepsie dans 20% des cas et aussi une insuffisance thyroïdienne ; et il est fort à parier que parmi les 'insuffisants de la glande...thyroïdienne' qu'on nommait en Lorraine au siècle précédent : les : 'oin-oin', il y eut un fort contingent d'autistes.

Quand on dit immunologie, il est aussitôt question d'anticorps et d'antigènes, mais, nous positionnant *in situ :* nous sommes sommés de parler cytokine[64], macrophages,

---

[63] Gesundheit B. et collaborateurs : « Immunilogical and autoimmune considérations of Autisme Spectrum Desorders » (ASD), *Journal of Autoimmunnity,* (2013), http://dx.doi.org/10.1016/jjaut. 2013.05.005.

[64] Sur Wikipédia nous trouvons ceci : « Les cytokines (du grec *cyto*, cellule, et *kinos*, mouvement) sont des substances solubles de signalisation cellulaire, synthétisées par les cellules du système immunitaire ou par d'autres cellules et/ou tissus, agissant à distance sur d'autres cellules pour en réguler l'activité et la fonction. /.../. Il apparaît aujourd'hui que

monocytes, etc., tous facteurs de lésions au niveau cérébral, où ce qu'on observe avant tout sur le plan anatomique c'est : une inflammation chronique et une prolifération de la microglie, choses présentes dans les cas d'autisme.

Tout ceci est explicité dans le texte en question, sous la forme de deux illustrations ; la première résumant ce que je viens de dire ; la seconde s'attachant à montrer ce qui résulte lorsqu'on injecte, à une souris enceinte, ou à une future maman-singe, les anticorps présents dans le sang d'une femme qui vient d'avoir un enfant autiste. Précisons que cette femme est apparemment indemne de toute affection visible. Le résultat est que dans les deux cas, celui de la souris comme celui de la guenon, le résultat est le même, les nouveau-nés ainsi conditionnés présentent des anomalies du comportement 'analogues' à celles de l'autiste humain.

Je note que les quatre publications, dont il est fait référence au sujet de ces expériences, sont le fruit du travail de deux équipes, et pas plus. Une question subsiste : le sang de la mère comportait-il déjà ces anticorps ou les a-t-elle produits après qu'elle ait été enceinte, le flux des échanges

---

les cytokines représentent un langage universel dans le dialogue mené entre les différentes cellules de l'organisme. Les cytokines ont une masse moléculaire moyenne de 8 à 50 kDa. » Toujours sur Wikipédia nous disposons des précisions suivantes : « Dans le domaine de la biochimie, on appelle également l'unité de masse des atomes : le dalton (symbole Da) /…/. Un dalton est défini comme égal à 1/12 de la masse d'un atome de carbone 12, /…/, la masse d'un atome d'hydrogène, étant 1,00794 uma (*unified atomic mass unit).* Le kilodalton (kDa) est beaucoup plus utilisé que le dalton en biologie et biochimie /…/ la plupart des molécules cellulaires ont typiquement une masse comprise entre 20 et 100 kDa. »

entre mère et enfant, au travers du canal ombilical et le placenta, étant supposé réversible ?

Il reste le mot d'ordre de Jean-Pierre Lebrun : « Se déprendre du maternel ». Ça dépend tout de même d'à quel point en est-on épris, de cette mère à tout faire, et jusqu'où peut aller l'aveuglement de l'enfant, dès lors qu'il saute aux yeux combien il est souvent : 'le mal venu'. Je ne pense pas que Dame Nature soit tarte à ce point. Et surtout que les enfants soient aussi démunis que ça, face aux coups du sort. Les aider : soit ! Mais avec un clin d'œil disant : « Vas-y mon pote, je suis sûr que ça ira ! » Je ne crois pas trahir par-là, l'optimisme de mes deux mentors du jour :

Freud et Lacan.
Droit dans mes sabots
S.STOÏANOFF
Le 7.7.14

Bibliographie

Borch-Jacobsen Mikkel : *Les Patients de Freud*, 1911, Sciences Humaines Éditions.

Bouriau Christophe, 2013, *Schopenhauer*, Les Belles Lettres.

Dennett D., 1978, *The Intentional Stance*, Cambridge, MA : MIT Press.

Fierens Christian : *Le discours psychanalytique*, 1912.

Fødor : *The Language of Thought*, 1975.

Freud S. : *Cinq psychanalyses,* 1966, PUF.

Freud Sigmund : *Gesammelte Werke, Fisher Verlag.*

Freud Sigmund : Bruckstück einer Hysterie-Analyse », *Sammlung kleiner Schriften zur Neurosenlehre* II, 1909, Franz Deuticke éditeur.

Gandillac Maurice de : *La docte Ignorance*, 1942.

Gesundheit B. et collaborateurs : « Immunilogical and autoimmune considérations of Autisme Spectrum Desorders », *Journal of Autoimmunnity,* 2013.

Goethe : *Faust*, I, Hexenküche.

Gueguen Catherine : *Pour une enfance heureuse.*

Irigaray Luce : *Le temps de la différence,* 1989, Livre de Poche édit.

Lacan J. : *Autres Écrits,* Seuil.

Lacan J. : *Écrits,* Seuil.

Lacan J. : *Le Séminaire*, livres IV & VI.

Lacan J. : *Petits Écrits.*

Lachaux Jean-Philippe : *Le cerveau attentif*, 2013.

Le Gaufey Guy : « Une valse à deux temps », in *Critique* (n°800-801 : « Où est passée la psychanalyse ? »).

Lebrun Jean-Pierre, *Les couleurs de l'inceste*, 2013.

Martinès de Pasqually : *Traité de la réintégration.*

Rank Otto, 1924, *Le traumatisme de la naissance.*

Safouan Moustapha : *La psychanalyse, science, thérapie et cause*, aux éditions Thierry Marchaises.

Saint-Martin Louis-Claude de, dit 'Le Philosophe Inconnu' : *L'Homme de désir.*

Psychologie et psychanalyse

aux éditions L'Harmattan

Dernières parutions

REGARD D'UN PSYCHANALYSTE SUR LA SOCIÉTÉ
Brodeur Claude
Lorsqu'un psychanalyste va dans la cité, il s'interroge : qu'est devenu le désir de l'homme dans une société de la marchandise et du capital ? Et son lieu propre n'est-il pas dans la sphère de la culture face au monde envahissant de l'économie ? Ou encore : la liberté n'est-elle pas un trop lourd héritage ? Tout comme Marx pour la chose marchande, Freud a libéré la chose sexuée ; celle-ci ne doit jamais être un objet fétiche et ainsi échapper au désir profond de l'homme.
(Coll. Psychanalyse et civilisations, 13.50 euros, 126 p.)
ISBN : 978-2-343-00948-3, ISBN EBOOK : 978-2-296-53923-5

FIGURES DE L'INFANTILE
La psychanalyse dans la vie quotidienne auprès des enfants
De Lajonquière Leandro
La psychanalyse permet d'interroger le statut de la parole adressée aux enfants et ainsi d'élucider les conditions de l'éducation, soit familiale, soit scolaire. C'est à partir de cette thèse - développée sans recours au langage obscur trop répandu dans le champ - que le débat actuel autour de la disparition de l'enfance moderne, dont participent cliniciens, pédagogues, historiens et sociologues intéressés à l'enfance, est revisité par Leandro de Lajonquière.
(Coll. Enfance éducation et société, 24.00 euros, 246 p.)
ISBN : 978-2-343-00680-2, ISBN EBOOK : 978-2-296-53722-4

HOMME (L') ÉMOTIONNEL
Margaron Henri
La conscience naît-elle de nos émotions ? S'appuyant sur une connaissance approfondie des neurosciences, l'auteur nous propose une lecture de la nature et du rôle de nos émotions. De ce dialogue entre biologie et sciences humaines se dessine le profil d'un homme libéré de toute exigence métaphysique sans être réduit pour autant à son simple cerveau et qui apprend à devenir lui-même grâce à ses extraordinaires capacités de se rapporter à ses semblables.
(22.00 euros, 220 p.)
ISBN : 978-2-336-00727-4, ISBN EBOOK : 978-2-296-53891-7

SCHIZOPHRÉNIE ET CRÉATION ARTISTIQUE
Bela Mitricova-Middelbos
L'auteur s'interroge sur les relations entre la schizophrénie, affection psychique grave conduisant à la désagrégation de la personnalité, et le processus créateur. À l'aide des théories de la psychanalyse, l'activité créatrice est analysée ici comme

un processus qui passe parfois par des étapes particulièrement douloureuses de la «descente aux enfers», ou le retour aux souvenirs du passé lointain. L'art est-il une «folie contrôlée « ? La folie est-elle une source inspiratrice de l'art ?
(Coll. Art-thérapie, 15.50 euros, 152 p.)
ISBN : 978-2-343-00400-6, ISBN EBOOK : 978-2-296-53734-7

AVEC LE TEMPS
Se reconstruire après la violence conjugale
Van Hooland Michelle
Les histoires de résilience présentées dans cet ouvrage ont été réalisées suite à une violence conjugale, dans le cadre d'un travail spécifique de promotion de la résilience. Ce dernier vise notamment le travail des pensées et des émotions ainsi que la réalisation d'histoires de résilience, suivant certaines consignes d'écriture. Il s'agit de devenir auteure de son vécu de violence conjugale en passant du récit de soi au récit de fiction puis en allant vers des histoires de résilience.
(Coll. Histoires de résiliences, 11.50 euros, 80 p.)
ISBN : 978-2-343-01095-3, ISBN EBOOK : 978-2-296-53945-7

THÉÂTRAL (LE) COMME LIEU D'EXPÉRIENCE DES NEUROSCIENCES COGNITIVES
À la recherche du principe d'adhésion
Bressan Yannick
Comment le spectateur de théâtre peut-il, par instant, percevoir le personnage au sein d'une réalité fictive alors qu'il voit un comédien sur des planches de théâtre ? Cette question de l'émergence d'une réalité, outre ses implications psychologiques, concerne un large champ disciplinaire. L'adhésion est en effet un métaphénomène au fondement même de notre inscription au sein d'une réalité. Voici une enquête passionnante sur ce phénomène cognitif essentiel à notre relation au monde perçu.
(Coll. Univers théâtral, 21.00 euros, 212 p.)
ISBN : 978-2-343-00232-3, ISBN EBOOK : 978-2-296-53874-0

FAIM DE BOEUF
Témoignage d'une boulimique
Foissac Véronique
V. entre à la clinique pour boulimie/anorexie sévère. Ce travail d'écriture est un témoignage poignant sur la vie au quotidien d'une jeune femme boulimique et vise à montrer que la rencontre avec un psy «à la hauteur» a pu permettre un échange d'une durée de onze ans, riche en émotions et en batailles pour la vie contre toutes ces «petites morts».
(Coll. Récits de vie, 47.50 euros, 492 p.)
ISBN : 978-2-336-29363-9, ISBN EBOOK : 978-2-296-53573-2

PSYCHANALYSE (LA) COMME PARCOURS POÉTIQUE
Une odyssée de soi
Taranto-Tournon Gabriela
Loin de toute ambition théorique, la voix du patient se fait entendre en toute sincérité, ponctuée ici et là par la voix du thérapeute, dans un «dialogue» d'écriture à écriture qui aspire à restituer la vérité et le vécu. Il s'agit également

d'une approche littéraire de la psychanalyse qui, en la complimentant d'être proche de la poésie, met l'accent sur l'extraordinaire ressemblance qui existe entre L'*Odyssée* et un cheminement thérapeutique, qui est toujours une odyssée intérieure, une odyssée de soi.
(Coll. Psychanalyse et civilisations, 13.00 euros, 112 p.)
ISBN : 978-2-336-29299-1, ISBN EBOOK : 978-2-296-53514-5

SUR LES PSEUDO-HALLUCINATIONS
Khrisanfovitch Kandinsky Victor - Traduit du russe par Anik Maufras du Chatellier
Nous ne devons pas considérer cet intérêt pour le travail de Victor Khrisanfovitch Kandinsky comme un simple hommage rendu à un classique de la science psychiatrique, mais comme un point de départ possible pour l'élaboration de nouvelles hypothèses. Cette monographie contient quantité de phénomènes psychopathologiques que l'auteur s'est efforcé d'interpréter selon le niveau de la science de son temps. Notons que ces interprétations concernaient des phénomènes que l'auteur avait vécus personnellement.
(Coll. Psychanalyse et civilisations, série Trouvailles et Retrouvailles, 25.50 euros, 250 p.) *ISBN : 978-2-343-00145-6, ISBN EBOOK : 978-2-296-53674-6*

AU-DELÀ DE LA PAROLE
Mémoire d'une analyse pas comme les autres
Matoré Yolande
Paris, 1975, Yolande Matoré est en analyse chez un psychanalyste réputé. Celui-ci décide alors de changer le cours de la thérapie ; il introduit dans les séances freudiennes classiques des pratiques sexuelles, les justifiant par la nécessité de débloquer certaines défenses pour faire avancer l'analyse. Abus sexuel, acte thérapeutique ? Cet ouvrage est le récit de cette aventure scandaleuse et bien surprenante, qui a transformé la vie de l'auteur pour toujours.
(Coll. Récits de vie, série Psychanalyse et Écriture, 20.00 euros, 196 p.)
ISBN : 978-2-343-00160-9, ISBN EBOOK : 978-2-296-53381-3

PATHOLOGIES (LES) REBELLES
Essai de psychopathologie clinique à l'usage de la psychothérapie
Schmitt Olivier
Cet essai a un double fondement : d'une part le constat d'une augmentation des troubles du comportement et de l'humeur dans nos sociétés occidentales et d'autre part l'augmentation du nombre de ces patients chez les psychiatres en cabinet de ville. Dans le souci de réinterroger, voire d'actualiser la nosographie française, Olivier Schmitt poursuit une réflexion sur ces pathologies qu'il qualifie de rebelles.
(Editions PENTA, Coll. Psychanalyse, médecine et société, 19.00 euros, 180 p.)
ISBN : 978-2-917714-07-2, ISBN EBOOK : 978-2-296-53429-2

SOPHROLOGIE ET VIE QUOTIDIENNE
XXXXVe Congrès de la Société française de sophrologie
Sous la direction de Claudie Terk-Chalanset et Véronique Rousseau
Parce que le monde change et semble aller d'une marche forcée vers l'aveuglement et la dureté, mené de main de fer par une économie ultralibérale, il nous oblige

à chercher consciemment dans notre quotidien des forces de ressources, de refuge et de résilience. Médecins, philosophes, psychologues cliniciens, mais aussi sociologues et sophrothérapeutes de terrain, tous animés du désir d'aider chacun à réenchanter sa vie jour après jour, s'expriment sur le quotidien et ses problématiques.
(22.00 euros, 224 p.)
ISBN : 978-2-343-00434-1, ISBN EBOOK : 978-2-296-53472-8

MÉTAPHYSIQUE ET PSYCHANALYSE
Bérard Bruno, Brun Alain, Dawalibi Paul, Lucas David, Cazenave Michel, Reniers Dominique
Métaphysique et psychanalyse sont, l'une comme l'autre, hybrides d'un certain point de vue : la psychanalyse est un «art» et une science, la métaphysique une science et une «voie» ; de là, les controverses continues dont elles peuvent faire l'objet. Six contributeurs, des horizons variés de la psychanalyse, de la psychologie ou de la philosophie, délivrent ici un dialogue sans concessions, entre métaphysique et psychanalyse.
(Coll. Métaphysique au quotidien, 18.00 euros, 178 p.)
ISBN : 978-2-343-00543-0, ISBN EBOOK : 978-2-296-53347-9

ESPRIT (L') DE LA CLINIQUE
Sous la direction de Danièle Césaréo
C'est dans la volonté d'inscrire les pratiques sociales et la clinique de l'acte analytique dans une démarche de recherche ouverte que l'association ALTERS propose cet ouvrage. Il interroge sur la médecine générale «humaniste» et la médecine de l'organisme, sur la clinique psychiatrique et la maladie mentale, sur la clinique psychanalytique et la réalité psychique et tente de définir s'il existe une clinique spécifique du travail social.
(Coédition ALTERS, 24.00 euros, 234 p.)
ISBN : 978-2-336-29057-7, ISBN EBOOK : 978-2-296-53257-1

POUR UNE DÉMARCHE CLINIQUE ENGAGÉE
Ouvrage coordonné par Ruth Canter Kohn
C'est parce que la réalité se présente comme complexe et changeante que les auteurs de ce livre se sont engagés dans des méthodes de recherche originales. Le qualificatif «clinique» s'est imposé pour qualifier et approfondir la démarche : il s'agit d'approcher des cas individuels, des situations et des processus singuliers saisis dans leurs histoires et leur complexité.
(Coll. Savoir et formation, 15.50 euros, 144 p.)
ISBN : 978-2-343-00261-3, ISBN EBOOK : 978-2-296-53177-2

L'HARMATTAN, ITALIA
Via Degli Artisti 15 ; 10124 Torino

L'HARMATTAN HONGRIE
Könyvesbolt ; Kossuth L. u. 14-16
1053 Budapest

ESPACE L'HARMATTAN KINSHASA
Faculté des Sciences sociales,
politiques et administratives
BP243, KIN XI
Université de Kinshasa

L'HARMATTAN CONGO
67, av. E. P. Lumumba
Bât. – Congo Pharmacie (Bib. Nat.)
BP2874 Brazzaville
harmattan.congo@yahoo.fr

L'HARMATTAN GUINÉE
Almamya Rue KA 028, en face du restaurant Le Cèdre
OKB agency BP 3470 Conakry
(00224) 60 20 85 08
harmattanguinee@yahoo.fr

L'HARMATTAN CAMEROUN
BP 11486
Face à la SNI, immeuble Don Bosco
Yaoundé
(00237) 99 76 61 66
harmattancam@yahoo.fr

L'HARMATTAN CÔTE D'IVOIRE
Résidence Karl / cité des arts
Abidjan-Cocody 03 BP 1588 Abidjan 03
(00225) 05 77 87 31
etien_nda@yahoo.fr

L'HARMATTAN MAURITANIE
Espace El Kettab du livre francophone
N° 472 avenue du Palais des Congrès
BP 316 Nouakchott
(00222) 63 25 980

L'HARMATTAN SÉNÉGAL
« Villa Rose », rue de Diourbel X G, Point E
BP 45034 Dakar FANN
(00221) 33 825 98 58 / 77 242 25 08
senharmattan@gmail.com

L'HARMATTAN TOGO
1771, Bd du 13 janvier
BP 414 Lomé
Tél : 00 228 2201792
gerry@taama.net

590134 - Décembre 2014
Achevé d'imprimer par

1livre.com
du rêve à la réalité !